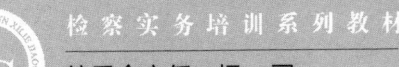

检察实务培训系列教材

编委会主任：杨　司
编委会副主任：荣　彰　谢鹏程

侦查监督
案例教程

ZhenCha JianDu
AnLi JiaoCheng

严奴国／主编

中国检察出版社

《检察实务培训系列教材》编委会和编写人员

编委会主任：杨　司

编委会副主任：荣　彰　　谢鹏程

编委会委员：曹改莲　严奴国　秦文峰　武传慧
　　　　　　胡克勤　王国宏　王海林　王建中
　　　　　　李　勃　张仲马　文晓平

编委会办公室：刘　恒　王晋真　杨　洁

《侦查监督案例教程》

主　编：严奴国

副主编：张　鑫　贾文声　孙　锐

编写人员：张　鑫　贾文声　孙　锐　贺志刚
　　　　　苏春华　王　翀　蓝　涛　朱晓燕
　　　　　王惠瑛　李晓燕　王江萍　平　华
　　　　　白玉方　兰东霞　吕　华　耿　萌

总 序

　　检察教育培训是检察队伍建设的先导性、基础性、战略性工程，是检察机关提高法律监督能力的重要基础和主要途径，事关检察事业长远发展和进步。近年来，全国检察机关按照中央关于大规模培训干部、大幅度提高干部素质的战略部署，把教育培训纳入检察事业整体布局，提到优先发展的战略地位，大力推进检察教育培训工作，使检察队伍的人员结构、知识层次、专业素养有了较大改善。面对新形势新任务新要求，必须坚持把检察教育培训放在更加突出的位置来抓，要树立向教育培训要检力、要战斗力的理念，更加注重提高教育培训的质量，积极推进教育培训内容形式、方法手段和工作机制创新，不断健全中国特色检察教育培训体系，切实提升检察教育培训科学化水平，使检察教育培训工作始终与时代同步伐、与检察事业共发展。

　　培训教材资料建设是检察教育培训工作一项极为重要的基础性工作，是提高教育培训质量和检察队伍专业化、职业化水平的重要保障。当前，既要紧紧围绕全面提高思想政治素质、职业道德素质和业务素质的目标任务，抓紧开发与政治教育、专业理论、业务能力和综合素质等内容模块相配套的教材，也要以检察实务为重点，开发一批贴近实际、满足基层干警需求、特色鲜明、形式多样的实务培训教材和精品案例教材。最高人民检察院要抓好培训教材建设的组织、规划和指导，有条件的省级检察院可以探索编写反映本地特色和适应培训需要的教材。我们相信，通过上下级检察院的共同努力、系统内外的结合，充分发挥各方面的积极性、主动性和创造性，一定能够形成一个品种结构合理、内容科学规范、符合检察岗位素能基本标准要求、适应检察队伍专业化、职业化建设需要的检察培训教材体系。

山西省人民检察院一直高度重视检察教育培训和教材建设工作。在省检察院党组的领导下，国家检察官学院山西分院组织以资深检察官为主体、有专职教师参与的检察培训教材编写队伍，在培训需求调查和培训特色规律研究的基础上，以检察业务流程为主线，以典型的、代表性的案例为载体，以讲解办案的规则、政策、策略和经验为重点，编写了包括侦查监督、公诉、贪污贿赂犯罪侦查、渎职侵权犯罪侦查、民事行政检察、监所检察、刑事申诉检察、职务犯罪预防八个分册的《检察实务培训系列教材》。系列教材的针对性、实用性、可读性都很强，既可以作为新进检察人员的入门培训教材，也可以作为具备一定办案经验的检察人员业务素能提升的培训教材。由省级检察院牵头编写检察实务培训系列教材，其探索创新精神十分可嘉，其编写经验和初步成效难能可贵。通过编写精品教材，既可以为检察教育培训工作提供一套内容完整、流程规范、案例充实、适应不同培训需求的教学资源，促进和保障检察教育培训工作的系统化、规范化；又可以通过教材编写、修订，集中集体智慧，总结办案经验，提升理论概括能力，促进和提高参编教师、检察官的能力和水平。

是为序。

最高人民检察院党组成员、政治部主任　李如林

二〇一三年十二月

目 录

第一章 侦查监督业务概述 …………………………………… (1)

第一节 侦查监督的概念及其工作职责 …………………… (1)
　　一、侦查监督的概念 ……………………………………… (1)
　　二、侦查监督工作的职责 ………………………………… (1)

第二节 侦查监督工作的业务范围 ………………………… (4)
　　一、侦查监督工作业务范围的相关依据 ………………… (4)
　　二、侦查监督工作的业务范围 …………………………… (4)

第二章 审查逮捕 …………………………………………… (6)

第一节 审查逮捕概述 ……………………………………… (6)
　　一、审查逮捕的概念 ……………………………………… (6)
　　二、审查逮捕的内容 ……………………………………… (6)
　　三、审查逮捕的权限分配 ………………………………… (7)

第二节 审查逮捕的程序和方法 …………………………… (8)
　　一、审查逮捕的程序 ……………………………………… (8)
　　二、审查逮捕的方法 ……………………………………… (21)
　　三、审查逮捕案件意见书的制作 ………………………… (32)

第三节 对特殊犯罪嫌疑人的审查逮捕 …………………… (35)
　　一、对外国籍、无国籍犯罪嫌疑人的审查逮捕 ………… (35)
　　二、对担任人大代表、政协委员的犯罪嫌疑人的
　　　　审查逮捕 ……………………………………………… (38)

三、对未成年犯罪嫌疑人的审查逮捕 …………………（40）
第四节　审查逮捕的处理 ………………………………（48）
　　一、批准或决定逮捕 ……………………………………（48）
　　二、不批准或不予逮捕 …………………………………（56）
第五节　审查逮捕决定的撤销与逮捕措施的变更 ………（83）
　　一、审查逮捕决定的撤销与逮捕措施的变更概述 ……（83）
　　二、审查逮捕决定的撤销 ………………………………（84）
　　三、逮捕措施的变更 ……………………………………（92）
第六节　批准（决定）延长和重新计算侦查羁押期限 …（96）
　　一、批准（决定）延长侦查羁押期限 …………………（96）
　　二、重新计算侦查羁押期限 ……………………………（100）
第七节　当事人和解的公诉案件的审查逮捕 ……………（101）
　　一、审查逮捕阶段的刑事和解 …………………………（101）
　　二、刑事和解案件审查逮捕的处理 ……………………（113）
　　三、刑事和解案件不批准逮捕决定的撤销和逮捕
　　　　措施的变更 …………………………………………（115）
　　四、刑事和解案件审查逮捕中应注意的问题 …………（116）
第八节　核准追诉 …………………………………………（117）
　　一、报请核准追诉的条件 ………………………………（117）
　　二、报请核准追诉和核准追诉的程序 …………………（118）

第三章　刑事立案监督 …………………………………（120）

第一节　刑事立案监督概述 ………………………………（120）
　　一、刑事立案监督的概念 ………………………………（120）
　　二、刑事立案监督的范围 ………………………………（121）
第二节　刑事立案监督的内容 ……………………………（123）
　　一、应当立案侦查而不立案侦查的情形 ………………（123）
　　二、不应当立案侦查而立案侦查的情形 ………………（131）

第三节　刑事立案监督的程序和方法 …………………… (133)
一、刑事立案监督线索的来源和受理 …………… (133)
二、刑事立案监督案件的审查 …………………… (141)
三、刑事立案监督案件的调查 …………………… (149)
四、刑事立案监督案件审查后的处理 …………… (155)
五、刑事立案监督案件的跟踪监督 ……………… (164)
六、刑事立案监督案件的备案审查 ……………… (169)

第四节　行政执法与刑事司法相衔接 ………………… (170)
一、行政执法与刑事司法相衔接概述 …………… (170)
二、行政执法与刑事司法相衔接的程序 ………… (174)
三、行政执法与刑事司法相衔接的配套机制 …… (177)

第四章　侦查活动监督 ……………………………………… (179)

第一节　侦查活动监督概述 ……………………………… (179)
一、侦查活动监督的概念 ………………………… (179)
二、侦查活动监督的范围 ………………………… (179)

第二节　侦查活动监督的内容 …………………………… (181)
一、侦查活动监督的一般内容 …………………… (181)
二、侦查活动监督主要发现和纠正的违法行为 … (193)

第三节　侦查活动监督的程序和方法 …………………… (195)
一、侦查活动监督的途径 ………………………… (195)
二、侦查活动监督中各部门的职责 ……………… (198)
三、发现违法行为的处理 ………………………… (200)
四、跟踪监督 ……………………………………… (204)

第四节　介入侦查 ………………………………………… (206)
一、介入侦查概述 ………………………………… (206)
二、介入侦查的程序与方法 ……………………… (206)

第一章 侦查监督业务概述

第一节 侦查监督的概念及其工作职责

一、侦查监督的概念

关于侦查监督的概念,我国法律没有明确的规定。理论界目前也存在不同的理解:狭义的理解认为侦查监督仅限于对侦查活动的监督;中义的理解认为侦查监督包括侦查活动监督和审查逮捕;广义的理解则认为除侦查活动监督、审查逮捕外,侦查监督还应包括刑事立案监督。

本书从侦查监督部门的职能出发,对侦查监督采广义理解,认为侦查监督包括审查逮捕、刑事立案监督、侦查活动监督三部分内容。

二、侦查监督工作的职责

侦查监督的工作职责主要包括审查逮捕、刑事立案监督和侦查活动监督三项。

审查逮捕包括审查批准逮捕和审查决定逮捕。审查批准逮捕是指人民检察院对公安机关、国家安全机关、监狱等侦查机关提请批准逮捕的案件进行审查,决定是否批准逮捕犯罪嫌疑人的一种诉讼活动。审查决定逮捕是指人民检察院侦查监督部门对本院或下级院侦查部门移送、报请审查决定逮捕的案件进行审查,决定是否逮捕犯罪嫌疑人的一种诉讼活动。

刑事立案监督是指人民检察院对公安机关等侦查机关的立案活动是否合法进行的监督,或者人民检察院侦查监督部门对本院或下级院侦查部门的立案活动是否合法进行的监督，包括对公安机关应当立案而不立案的监督、不应当立案而立案的监督和对本院或下级院侦查部门应当立案侦查而不报请立案侦查或者不应当立案侦查而立案侦查的。

侦查活动监督是指人民检察院对公安机关等侦查机关（部门）的侦查活动是否合法进行的监督，包括对侦查机关（部门）进行的专门调查活动和采取的强制性措施是否合法的监督。

【案例】侦查监督部门应全面履行工作职责

宋某等人团伙犯罪案

公安机关认定的基本案情：

2010年3月以来，犯罪嫌疑人宋某纠集、网罗、培植社会闲散人员贺某某、赵某某、"星星"（姓名不详、在逃）、于某、马某某、尹某、尹某（同姓不同名）、刘某、史某某、张某某、王某某、韩某、李某某等，在城区南城街道办事处服务中心等场所大肆开设赌场，组织他人聚众赌博，形成了一定的组织形式，积累了固定的经济基础。该犯罪团伙涉嫌特大赌博、开设赌场、非法拘禁、聚众斗殴等多个罪名，发案地点特殊，社会影响恶劣，群众反映强烈。

审查逮捕情况：

公安机关以该团伙涉嫌赌博罪、非法拘禁罪、寻衅滋事罪等多项罪名提请逮捕后，人民检察院侦查监督部门经审查，认为15名犯罪嫌疑人符合逮捕条件，对其作出了批准逮捕的决定。

同时发现，现有证据证明于某等6名犯罪嫌疑人有犯罪事实，而公安机关提请批准逮捕书中未列明，遂向公安机关发出《应当逮捕犯罪嫌疑人意见书》。

还发现，公安机关移交了一份现场抓获聚众赌博人员72名、现场收缴赌资202294元的情况说明及交款收据复印件，但每位参赌人员当时分别被收缴赌资数额的收据没有移交，无法证实当时现场收缴赌资数额，且影响到对部分参赌人员真正目的的侦查。同时，本案中公安机关提供的证据不足以证明犯罪嫌疑人涉嫌寻衅滋事。为此，向公安机关发出了《提供法庭审判所需证据材料意见书》，建议移交当时现场收缴赌资时每位参赌人员被收缴赌资的原始记录及现场扣押物品清单，并对该团伙涉嫌寻衅滋事犯罪的情况继续侦查取证。

此外，办案人员在审查逮捕中发现，公安机关将宋某等9名犯罪嫌疑人的拘留期限延长至30日，向检察机关提请批捕逮捕时，时间又超了1个多月，已严重超出了刑事诉讼法规定的期限，遂向公安机关发出《纠正违法通知书》。

同时，办案人员还发现，犯罪嫌疑人宋某等聚众在城区南城街道办事处服务中心赌博长达10余天，参赌人员每天少则二三十人，多则七八十人，而城区南城街道办事处的主要领导对在其隶属的服务中心二楼演歌厅进行的犯罪活动，以承包给他人为由不闻不问，不严加管理，单位值班人员及带班领导形同虚设，监管严重不力，在社会上造成了非常恶劣的影响。遂向城区区委、政府提出如下检察建议：建章立制，堵塞漏洞，并对本案中不履行、不正确履行工作职责的时任城区南城街道办事处书记高某、主任周某及其他相关工作人员作出相应的党纪、政纪处理。案件办理完毕后，办案人员多次与市公安局、城区区委、政府有关领导取得联系，交换意见，并深入案发地城区南城街道办事处，有针对性地进行了案后回访，有重点地督促南城街道办事处进行整改，切实把检察建议落到实处。

【案例评析】

侦查监督部门必须紧紧围绕侦查监督的三项职责，在执法办案中最大限度地体现各项职能的关联性、互补性，将审查逮捕与纠正违法相结合，在严格审查案件事实与证据的同时，严肃纠正侦查活动中的违法行为。同时，要将个案监督与综合监督相结合，有针对性地对社会管理及侦查机关执法中存在的突出问题、共性问题发出检察建议，使检察工作融入推进社会管理创新的大环境中，做到严厉打击犯罪、维护司法公正和参与社会管理的有机统一。

第二节 侦查监督工作的业务范围

一、侦查监督工作业务范围的相关依据

有关侦查监督工作的业务范围，《人民检察院刑事诉讼规则（试行）》（以下简称《刑诉规则》）作了基本规定，而《检察机关执法工作基本规范》则在《刑诉规则》的基础上作了进一步细化规定。

《刑诉规则》第615条规定："对公安机关、人民法院办理案件的羁押期限和办案期限的监督，犯罪嫌疑人、被告人被羁押的，由人民检察院监所检察部门负责；犯罪嫌疑人、被告人未被羁押的，由人民检察院侦查监督部门或者公诉部门负责。对人民检察院办理案件的羁押期限和办案期限的监督，由本院案件管理部门负责。"第354条规定："侦查机关报请核准追诉的案件，由同级人民检察院受理并层报最高人民检察院审查决定。"

《检察机关执法工作基本规范》第5·2条规定："侦查监督工作的业务范围：（一）审查批准或者决定逮捕犯罪嫌疑人；（二）复议、复核公安机关不服不批准（不予）逮捕的案件；（三）批准延长侦查羁押期限；（四）批准侦查部门重新计算侦查羁押期限，对于公安机关重新计算侦查羁押期限的案件进行备案监督；（五）监督公安机关的办案期限是否合法；（六）监督侦查机关（部门）的立案活动；（七）监督侦查机关（部门）的侦查活动；（八）审查办理报请核准追诉的案件；（九）法律规定或者检察长交办的其他工作。"

上述规定，使得侦查监督工作的业务范围详细而完备。

二、侦查监督工作的业务范围

根据上述有关侦查监督工作业务范围的规定，侦查监督工作的

业务可系统地划分为三大部分：一是审查逮捕；二是立案监督；三是侦查监督。

其中，审查逮捕业务又具体包括：审查批准或者决定逮捕犯罪嫌疑人；复议、复核公安机关不服不批准（不予）逮捕的案件；批准延长侦查羁押期限；批准侦查部门重新计算侦查羁押期限，对于公安机关重新计算侦查羁押期限的案件进行备案监督；监督公安机关的办案期限是否合法。

除上述三大部分外，侦查监督工作的业务范围还有：审查办理报请核准追诉的案件；法律规定或者检察长交办的其他工作。

第二章　审查逮捕

第一节　审查逮捕概述

一、审查逮捕的概念

审查逮捕是宪法和法律赋予人民检察院的一项重要的法律监督职权，也是人民检察院开展侦查监督的有效途径之一。

审查逮捕包括审查批准逮捕和审查决定逮捕。审查批准逮捕，是指人民检察院对于公安机关、国家安全机关、监狱（以下简称侦查机关）提请批准逮捕的案件进行审查，决定是否逮捕犯罪嫌疑人的一种诉讼活动。审查决定逮捕，是指人民检察院侦查监督部门对本院及下一级院侦查部门移送、报请审查逮捕的案件进行审查，决定是否逮捕犯罪嫌疑人的一种诉讼活动。

二、审查逮捕的内容

审查逮捕的内容，可分为程序审查和实体审查两个方面。

程序审查，是指人民检察院侦查监督部门对受理的同级侦查机关提请批准逮捕的案件、本院侦查部门移送审查逮捕的案件、下一级人民检察院报请审查逮捕的案件，对提请批准逮捕书、报请逮捕书、逮捕犯罪嫌疑人意见书、立案、拘留等法律手续及案卷材料是否齐备，案件是否属于本院管辖等程序性内容所作的审查。

实体审查，是指人民检察院侦查监督部门对受理的同级侦查机关提请批准逮捕的案件、本院侦查部门移送审查逮捕的案件、下一级人民检察院侦查部门报请审查逮捕的案件所作的实体方面的审查，主要内容包括：侦查机关（部门）提请批准逮捕书、报请逮捕书、移送审查逮捕犯罪嫌疑人意见书认定的犯罪嫌疑人的行为是否构成犯罪；认定的犯罪性质和适用法律是否正确；是否符合刑事诉讼法规定的逮捕条件；有无遗漏应当逮捕的犯罪嫌疑人或犯罪事实；侦查活动中有无违法的情形；有无立案监督的线索或者其他犯罪线索需要移送等情况。

三、审查逮捕的权限分配

从逮捕所涉及的各种权限的整体分配来看：侦查机关侦查案件的批准逮捕权、人民检察院直接受理案件的决定逮捕权由人民检察院行使，人民法院审判案件时的决定逮捕权由人民法院行使，逮捕的具体执行权由公安机关行使。

从检察机关行使审查逮捕权限的级别管辖来看：公安机关等侦查机关在侦查过程中需要逮捕犯罪嫌疑人的，由同级人民检察院审查批准逮捕。上级公安机关指定犯罪地或者犯罪嫌疑人居住地以外的下级公安机关立案侦查的案件，需要逮捕犯罪嫌疑人的，由侦查该案件的公安机关提请同级人民检察院审查批准逮捕。检察机关立案侦查的案件需要逮捕犯罪嫌疑人的，如果是省级以下（不含省级）人民检察院立案侦查的案件，由上一级人民检察院侦查监督部门审查并由检察长或者检察委员会决定；如果是最高人民检察院、省级人民检察院立案侦查的案件，由本院侦查监督部门审查并由检察长或者检察委员会决定。也就是说，人民检察院侦查监督部门管辖审查逮捕案件的范围包括：一是同级侦查机关提请批准逮捕的案件；二是本院侦查部门或者监所检察部门移送审查逮捕的直接立案侦查案件；三是本院公诉部门移送审查逮捕的案件；四是下级人民检察院报请决定逮捕的直接立案侦查案件。

从检察机关行使审查逮捕权限的内部部门管辖来看，一般案件的审查逮捕由侦查监督部门负责；监狱侦查的正在服刑的罪犯又犯罪、公安机关侦查的看守所服刑的罪犯又犯罪，以及公安机关侦查的劳教人员犯罪案件的审查逮捕，由监所检察部门负责审查逮捕。

第二节 审查逮捕的程序和方法

一、审查逮捕的程序

审查逮捕的程序可以分为受理案件、承办人审查案卷、承办人审查案件并提出意见、讨论案件及向检察长或检委会汇报案件、作出决定等几个主要步骤。在这一过程中，尤其是在承办人审查案件时，可能会发现一些特殊情况，例如发现可能存在非法取证需要排除非法证据的情况、发现对同案犯罪嫌疑人应当逮捕但侦查机关（部门）没有提请批准逮捕或报请逮捕的情况、发现侦查机关（部门）不应当立案而立案、应当立案而不立案的情况、发现侦查机关（部门）在侦查过程中有违法行为的情况等，对于这些特殊的情况，都要通过相应的程序予以解决。

(一) 受理案件

受理提请批准、移送决定、报请决定逮捕案件是检察机关审查批准、决定逮捕的基础性工作，是办理审查逮捕案件的必经程序，也是第一道工序。侦查机关（部门）移送案卷材料和证据，是人民检察院审查逮捕的前提和基础。侦查机关（部门）提请批准、移送决定、报请决定逮捕的案件的受理，由侦查监督部门的内勤（成立案件管理机构的检察机关由案件管理机构的人员负责）负责初步审查。

审查的内容主要是所移送的案卷材料和证据是否齐全，是否有合法有效的法律文书，法律手续是否齐备。以侦查机关提请批准逮捕案件为例，要审查是否具有以下文书及材料：一是《提请批准逮捕意见书》一式三份。二是犯罪嫌疑人被采取强制措施的种类及相应的法律文书。三是《提请批准逮捕意见书》认定的犯罪事实是否有相应的证据证明，证据是否随案移送。四是扣押物证、书证的，应随案移送扣押物品清单及物证、书证的刑事摄像、照片；

已将赃款赃物退还失主的,应有失主领取赃款赃物的凭据;对犯罪嫌疑人的住所或有关涉案的场所进行过搜查的,应有搜查证和搜查记录;已让犯罪嫌疑人或被害人进行辨认的,应当有辨认记录;已做精神病鉴定的,应当有司法鉴定结论;有被害人死亡的,应当有被害人的尸检报告;已做侦查实验的,应当有侦查实验记录;实行同步录音、录像的,应当有随案移送的同步录音、录像资料。五是下一级人民检察院报请上一级人民检察院决定逮捕的案件还应随案报送本院侦查监督部门的审查意见。

有关人员经过初步审查后,认为移送的案卷材料和证据不齐全、法律手续不完备的,可以将案件退回侦查机关,或者要求侦查机关补充移送;认为移送的案卷材料和证据齐全、法律手续完备的,受理案件;受理案件后,予以登记,并经侦查监督部门负责人同意将案件分配至承办人。

(二)承办人审查案卷(程序性审查)

承办人接手案件后,应先从案卷入手,对下列问题予以审查:

一是审查案件是否属于本院管辖,对于不属于本院管辖的案件及时退回侦查机关(部门),建议其向有管辖权的机关移送。

二是审查案件是否已过诉讼时效,对于已过追诉时效的案件,向部门负责人汇报详细情况后将案件及时退回侦查机关(部门)。

三是审查案件移送是否符合法定时限。根据新刑事诉讼法第89条的规定,犯罪嫌疑人被拘留的,公安机关应当在拘留后的3日以内将案件送交同级人民检察院侦查监督部门审查批准;特殊情况下,经县级以上公安机关负责人批准,提请审查批准逮捕的时间可以延长1日至4日。对于流窜作案、多次作案、结伙作案的重大嫌疑分子,提请审查批准的时间可以延长至30日。根据《刑诉规则》第329条、第343条的规定,对于省级以下(不含省级)人民检察院直接受理立案侦查的案件,犯罪嫌疑人已被拘留的,下级人民检察院侦查部门应当在拘留后7日以内报上一级人民检察院审查逮捕。对于最高人民检察院、省级人民检察院直接受理立案侦查的案件，犯罪嫌疑人已被拘留的，侦查部门应当在拘留后7日以内将案件移送本院侦查监督部门审查。

四是审查报送材料、手续是否齐全、完备。如果犯罪嫌疑人被刑事拘留的，需进一步审查刑事拘留的相关法律文书是否符合形式要件。如文书的文号是否符合规范，文书是否盖有决定机关的印章，文书的决定时间是否记录在案，对延长了刑事拘留时间的是否有延长刑事拘留的法律文书等。进一步审查案卷内的相关法律文书、各种证据材料等是否随案移送。如破立案表、犯罪嫌疑人的户籍资料、送达文书、司法鉴定文书、犯罪嫌疑人的供述、证人证言、视听资料、勘验检查笔录、搜查笔录、物证的照片或复印件和其他相关书证的原件或复印件等。对于人民检察院直接受理立案侦查的案件，根据《刑诉规则》第328条、第342条的规定，省级以下（不含省级）人民检察院报请上一级人民检察院审查逮捕的案件，由侦查部门制作报请逮捕书，报检察长或者检察委员会审批后，连同案卷材料、讯问犯罪嫌疑人录音、录像一并报上一级人民检察院审查，报请逮捕时应当说明犯罪嫌疑人的社会危险性并附相关证据材料。最高人民检察院、省级人民检察院办理直接受理立案侦查的案件，需要逮捕犯罪嫌疑人的，由侦查部门填写逮捕犯罪嫌疑人意见书，连同案卷材料、讯问犯罪嫌疑人录音、录像一并移送本院侦查监督部门审查。

五是审查犯罪嫌疑人是否具备特殊身份。根据有关规定，对外国籍人、无国籍人、人大代表、政协委员、现役军人和未成年人等某些具有特殊身份的犯罪嫌疑人的批准或者决定逮捕，须经过特别的程序或者适用有关的规定，才能履行逮捕手续。因此，承办人在进入案件实质审查前，应对犯罪嫌疑人的身份进行审查，以保证对其批准或者决定逮捕依法进行。

（三）承办人审查案件（实体性审查）

承办人从实体上对案件予以审查是审查逮捕的核心程序。

1. 审查内容

承办人审查案件的内容主要包括：

一是侦查机关（部门）认定的犯罪嫌疑人所犯罪行的性质是否正确。

二是侦查机关（部门）适用法律是否正确。

三是犯罪嫌疑人的行为是否构成犯罪。

四是犯罪嫌疑人是否符合逮捕的条件。根据新刑事诉讼法第79条的规定，逮捕条件为：有证据证明有犯罪事实、可能判处徒刑以上刑罚、采取取保候审尚不足以防止发生下列社会危险性的：（1）可能实施新的犯罪的；（2）有危害国家安全、公共安全或者社会秩序的现实危险的；（3）可能毁灭、伪造证据，干扰证人作证或者串供的；（4）可能对被害人、举报人、控告人实施打击报复的；（5）企图自杀或者逃跑的。此外，对有证据证明有犯罪事实，可能判处10年有期徒刑以上刑罚的，或者有证据证明有犯罪事实，可能判处徒刑以上刑罚，曾经故意犯罪或者身份不明的，应当予以逮捕。被取保候审、监视居住的犯罪嫌疑人、被告人违反取保候审、监视居住规定，情节严重的，可以予以逮捕。

五是侦查机关（部门）有无遗漏应当逮捕的共同犯罪嫌疑人及其他犯罪事实。

六是侦查机关（部门）在侦查活动中有无违法的情形。

七是有无立案监督线索或其他需要移送的犯罪线索。

2. 审查方法

根据刑事诉讼法、《刑诉规则》的有关规定，审查逮捕可以采取审阅案卷材料和证据，依法讯问犯罪嫌疑人，询问证人等诉讼参与人，听取辩护律师意见，调取侦查讯问录音、录像等方法。

（1）审阅案卷材料和证据

承办人首先应当通过审阅案卷材料和随案移送的证据来判断侦查机关（部门）认定的犯罪嫌疑人所犯罪行的性质是否正确、适用法律是否正确、犯罪嫌疑人是否符合逮捕的条件、案件是否存在疑点、证据是否存在瑕疵、是否需要进一步的调查复核等。

(2) 讯问犯罪嫌疑人

根据新刑事诉讼法第 86 条、《刑诉规则》第 305 条的规定，人民检察院侦查监督部门办理审查逮捕案件，可以讯问犯罪嫌疑人；有下列情形之一的，应当讯问犯罪嫌疑人：一是对是否符合逮捕条件有疑问的。是否符合逮捕条件有疑问主要包括罪与非罪界限不清的，据以定罪的证据之间存在矛盾的，犯罪嫌疑人的供述前后矛盾或者违背常理的，有无社会危险性难以把握的，以及犯罪嫌疑人是否达到刑事责任年龄需要确认等情形。二是犯罪嫌疑人要求向检察人员当面陈述的。三是侦查活动可能有重大违法行为的。重大违法行为是指办案严重违反法律规定的程序，或者存在刑讯逼供等严重侵犯犯罪嫌疑人人身权利和其他诉讼权利等情形。四是案情重大疑难复杂的。五是犯罪嫌疑人系未成年人的。六是犯罪嫌疑人是盲、聋、哑人或者是尚未完全丧失辨认或者控制自己行为能力的精神病人的。

此外，根据《刑诉规则》第 306 条的规定，在审查逮捕中对被拘留的其他犯罪嫌疑人不予讯问的，应当送达听取犯罪嫌疑人意见书，由犯罪嫌疑人填写后及时收回审查并附卷。经审查发现应当讯问犯罪嫌疑人的，应当及时讯问。

(3) 询问证人、被害人、鉴定人等诉讼参与人

根据《刑诉规则》第 308 条的规定，侦查监督部门办理审查逮捕案件，必要时，可以询问证人、被害人、鉴定人等诉讼参与人，并制作笔录附卷。一般而言，需要询问证人、被害人的情形包括：证人证言或被害人陈述前后矛盾，且矛盾无法排除的；证人证言或被害人陈述对主要情节表述含糊、容易引起歧义的；证人或被害人身体有残疾、智力不健全或年幼无辨别是非能力的；侦查人员对证人、被害人有暴力取证或诱证情形的。

【案例】 审查逮捕时对疑点证据可通过询问证人等方式复核

曹某交通肇事案

公安机关认定的基本案情：

2011年2月26日19时许，犯罪嫌疑人曹某驾驶货车，从甲县某煤矿出发，准备驶往乙县大武洗煤厂，途径甲县湍水头镇黄家沟村路段时，因驾驶不慎，发生一起重大交通事故，导致路上行人王某被撞身亡。

审查逮捕情况：

承办人员在审查中发现本案存在诸多疑点：其一，案发时货车驾驶室内有曹某和曹某某兄弟二人，曹某有驾驶证，曹某某无驾驶证，可能存在替罪之嫌；其二，公安机关确定犯罪嫌疑人的证据只有曹某和曹某某的供述，再无其他证据印证。随后，承办人员根据发现的疑点，深入案发现场，走访目击证人，在询问证人时，重点就案发当天驾驶室内曹某和曹某某的位置进行核实，查清了案发当天驾车肇事者实为曹某某，曹某系包庇顶替。最终以涉嫌交通肇事罪批准逮捕曹某某，以涉嫌包庇罪逮捕了曹某。

【案例评析】

本案中，审查逮捕承办人员通过认真审阅案卷和证据，发现了疑点，并通过询问证人等方式予以复核，最终查明了案件真相，确定了真正的交通肇事犯罪嫌疑人，说明在审查逮捕中，对疑点证据通过询问证人等方式予以核实是非常必要的。

（4）听取辩护律师的意见

根据《刑诉规则》第309条的规定，在审查逮捕过程中，犯罪嫌疑人已经委托辩护律师的，侦查监督部门可以听取辩护律师的意见。辩护律师提出要求的，应当听取辩护律师的意见。对辩护律师的意见应当制作笔录附卷。辩护律师提出不构成犯罪、无社会危险性、不适宜羁押、侦查活动有违法犯罪情形等书面意见的，承办人应当认真审查,并在审查逮捕意见书中说明是否采纳的情况和理由。

(5)调取并审查讯问犯罪嫌疑人的录音、录像

根据《刑诉规则》第310条的规定,对于公安机关立案侦查的案件,侦查监督部门审查逮捕时认为讯问活动可能存在刑讯逼供等非法取证行为的,可以调取公安机关讯问犯罪嫌疑人的录音、录像并审查相关的录音、录像,对于重大、疑难、复杂的案件,必要时可以审查全部录音、录像。

人民检察院直接受理立案侦查的案件,侦查部门在移送或者报请审查逮捕时,应当向侦查监督部门移送全部讯问犯罪嫌疑人的录音、录像,未移送或移送不全的,侦查监督部门应当要求侦查部门补充移送。经要求仍未移送或者未全部移送的,应当将案件退回侦查部门。侦查监督部门审查逮捕时对取证合法性或者讯问笔录真实性等产生疑问的,可以审查相关的录音、录像;对于重大、疑难、复杂的案件,必要时可以审查全部录音、录像。

根据《刑诉规则》第73条的规定,可以调取公安机关讯问犯罪嫌疑人的录音、录像,对证据收集的合法性以及犯罪嫌疑人供述的真实性进行审查的情形包括:讯问活动可能存在刑讯逼供等非法取证行为的;犯罪嫌疑人或辩护人提出犯罪嫌疑人供述系非法取得,并提供相关线索或者材料的;犯罪嫌疑人对讯问活动合法性提出异议或者翻供,并提供相关线索或者材料的;案情重大、疑难、复杂的。

根据《刑诉规则》第311条的规定,经审查讯问犯罪嫌疑人录音、录像,发现侦查机关讯问不规范,讯问过程存在违法行为,录音、录像内容与讯问笔录不一致等情形的,应当逐一列明并向侦查机关书面提出,要求侦查机关予以纠正、补正或者书面作出合理解释。发现讯问笔录与讯问犯罪嫌疑人录音、录像内容有重大实质性差异的,或者侦查机关不能补正或者作出合理解释的,该讯问笔录不能作为批准逮捕或者决定逮捕的依据。

(四) 审查逮捕中特殊情况的处理

审查逮捕中可能出现很多特殊情况，比较常见的有：发现可能存在非法取证需要排除非法证据的情况，发现对同案犯罪嫌疑人应当逮捕但侦查机关（部门）没有提请批准逮捕或报请逮捕的情况，发现侦查机关（部门）不应当立案而立案或应当立案而不立案的情况，发现侦查机关（部门）在侦查过程中有违法行为的情况等等，对于这些特殊的情况，应通过如下程序处理：

1. 排除非法证据

新刑事诉讼法第54条规定："采用刑讯逼供等非法方法收集的犯罪嫌疑人、被告人供述和采用暴力、威胁等非法方法收集的证人证言、被害人陈述，应当予以排除。收集物证、书证不符合法定程序，可能严重影响司法公正的，应当予以补正或者作出合理解释；不能补正或者作出合理解释的，对该证据应当予以排除。在侦查、审查起诉、审判时发现有应当排除的证据的，应当依法予以排除，不得作为起诉意见、起诉决定和判决的依据。"《刑诉规则》第65条第1款规定："对采用刑讯逼供等非法方法收集的犯罪嫌疑人供述和采用暴力、威胁等非法方法收集的证人证言、被害人陈述，应当依法排除，不得作为报请逮捕、批准或者决定逮捕、移送审查起诉以及提起公诉的依据。"第66条第1款、第2款规定："收集物证、书证不符合法定程序，可能严重影响司法公正的，人民检察院应当及时要求侦查机关补正或者作出书面解释；不能补正或者无法作出合理解释的，对该证据应当予以排除。对侦查机关的补正或者解释，人民检察院应当予以审查。经侦查机关补正或作出合理解释的，可以作为批准或者决定逮捕、提起公诉的依据。"

根据上述规定，人民检察院侦查监督部门在审查逮捕时就要对非法证据予以排除，也即不能以下列证据作为批准逮捕或决定逮捕的依据：一是采用刑讯逼供等非法方法收集的犯罪嫌疑人、被告人供述。刑讯逼供是指使用肉刑或者变相使用肉刑，使犯罪嫌疑人在肉体或者精神上遭受剧烈疼痛或者痛苦以逼取供述的行为。"刑讯逼供等非法方法"中的"等"是指违法程度和对犯罪嫌疑人的强迫程度与刑讯逼供相当而迫使其违背意愿供述的方法。二是采用暴力、威胁等非法方法收集的证人证言、被害人陈述。"暴力、威胁等非法方法"中的"等"是指违法程度和对证人、被害人的强迫程度与暴力、威胁相当而迫使其违背意愿提供证言、陈述的方法。三是收集过程不符合法定程序,可能严重影响司法公正,并且不能补正或者作出合理解释的物证、书证。"可能严重影响司法公正"是指收集物证、书证不符合法定程序的行为明显违法或者情节严重,可能对司法机关办理案件的公正性造成严重损害。"补正"是指对取证程序上的非实质性瑕疵进行补救。"合理解释"是指对取证程序的瑕疵作出符合常理及逻辑的解释。

根据《刑诉规则》第68条、第69条、第71条的规定,人民检察院侦查监督部门在审查逮捕过程中,对证据合法性存在疑问的,应当对证据的合法性予以调查核实。调查完毕后,应当制作调查报告,根据查明的情况提出处理意见,报请检察长决定后依法处理。经调查核实依法排除非法证据的,应当在调查报告中予以说明。被排除的非法证据应当随案移送。对于确有以非法方法收集证据情形,尚未构成犯罪的,应当依法向被调查人所在机关提出纠正意见。对于需要补正或者作出合理解释的,应当提出明确要求。经审查,认为非法取证行为构成犯罪需要追究刑事责任的,应当依法移送立案侦查。

2. 纠正漏捕

纠正漏捕是指检察机关侦查监督部门在审查逮捕时,根据案件事实和证据,对侦查机关(部门)应当提捕、移送、报请逮捕而未提捕、移送、报请逮捕的犯罪嫌疑人,建议侦查机关(部门)提捕或者移送、报请逮捕。

对于公安机关立案侦查的案件,根据《刑诉规则》第321条规定,人民检察院办理审查逮捕案件,发现应当逮捕而公安机关未提请批准逮捕的犯罪嫌疑人的,应当建议公安机关提请批准逮捕。如果公安机关仍不提请批准逮捕或者不提请批准逮捕的理由不能成立的，人民检察院也可以直接作出逮捕决定，送达公安机关执行。

对于人民检察院直接受理立案侦查的案件，根据《刑诉规则》第335条、第346条规定，对省级以下（不含省级）人民检察院直接受理立案侦查的案件，上一级人民检察院对应当逮捕而下级人民检察院未报请逮捕的犯罪嫌疑人，应当通知下级人民检察院报请逮捕犯罪嫌疑人。下级人民检察院不同意报请逮捕犯罪嫌疑人的，应当说明理由。经审查理由不成立的，上一级人民检察院可以依法作出逮捕决定。最高人民检察院、省级人民检察院办理直接受理立案侦查的案件，对应当逮捕而本院侦查部门未移送审查逮捕的犯罪嫌疑人，侦查监督部门应当向侦查部门提出移送审查逮捕犯罪嫌疑人的建议。如建议不被采纳，侦查监督部门可以报请检察长提交检察委员会决定。

3. 纠正违法

根据新刑事诉讼法第98条的规定，人民检察院在审查批捕工作中，如果发现公安机关的侦查活动有违法情况，应当通知公安机关纠正，公安机关应当将纠正情况通知人民检察院。根据《刑诉规则》第573条的规定：人民检察院侦查监督部门对本院侦查部门侦查活动中的违法行为，应当根据情节分别处理。情节较轻的，可以直接向侦查部门提出纠正意见；情节较重或者需要追究刑事责任的，应当报告检察长决定。因此，承办人在审查逮捕过程中，应当就侦查机关（部门）的专门调查活动、适用强制措施、采取强制性侦查措施、遵守侦查羁押期限等情况进行严格审查，如发现违法，应提出纠正意见。

4. 立案监督

新刑事诉讼法第111条规定："人民检察院认为公安机关对应当立案侦查的案件而不立案侦查，或者被害人认为公安机关对应当立案侦查的案件而不立案侦查，向人民检察院提出的，人民检察院应当要求公安机关说明不立案理由。人民检察院认为公安机关不立案理由不能成立的，应当通知公安机关立案，公安机关接到通知后应当立案。"《刑诉规则》第552条规定："人民检察院依法对公安机关的刑事立案活动实行监督。"第563条规定："人民检察院侦查监督部门或者公诉部门发现本院侦查部门对应当立案侦查的案件不报请立案侦查或者对不应当立案侦查的案件进行立案侦查的，应当建议侦查部门报请立案侦查或者撤销案件；建议不被采纳的，应当报请检察长决定。"实践中，审查逮捕是侦查监督部门发现立案监督线索的重要途径。因此，在审查逮捕过程中进行立案监督也是承办人的一项重要职责。

（五）讨论案件及向检察长、检察委员会汇报

承办人对案件审查完毕后，应当制作《审查逮捕案件意见书》，提出批准或者决定逮捕、不批准或者不予逮捕、纠正漏捕、纠正违法和立案监督等意见。实行主办检察官制度的经过主办检察官会议讨论，未实行主办检察官制度的经过侦查监督部门集体讨论，报侦查监督部门负责人审核后，报请检察长批准或者决定。对重大案件应当经检察委员会讨论决定。

（六）作出决定

对于公安机关提请批准逮捕的案件，根据《刑诉规则》第316条、第318条的规定，对公安机关提请逮捕的犯罪嫌疑人，已被拘留的，人民检察院应当在收到提请批准逮捕书后的7日以内作出是否批准逮捕的决定；未被拘留的，应当在收到提请批准逮捕书后的15日以内作出是否批准逮捕的决定，重大、复杂的案件，不得超过20日。经审查认为符合逮捕条件的，应当作出批准逮捕的决定。经审查认为不符合逮捕条件的，应当作出不批准逮捕的决定。

对于人民检察院直接受理侦查的案件，根据《刑诉规则》第329条的规定，省级以下（不含省级）人民检察院直接受理立案侦查的案件需要逮捕犯罪嫌疑人，报请上一级人民检察院审查决定的，犯罪嫌疑人已被拘留的，上一级人民检察院应当在收到报请逮捕书后7日以内作出是否逮捕的决定，特殊情况下，决定逮捕的时间可以延长1日至3日。犯罪嫌疑人未被拘留的，上一级人民检察

院应当在收到报请逮捕书后 15 日以内作出是否逮捕的决定，重大、复杂的案件，不得超过 20 日。报送案卷材料、送达法律文书的路途时间计算在上一级人民检察院审查逮捕期限以内。根据《刑诉规则》第 343 条的规定，最高人民检察院、省级人民检察院对本院侦查部门移送审查逮捕的案件，犯罪嫌疑人已被拘留的，应当在侦查监督部门收到逮捕犯罪嫌疑人意见书后的 7 日以内，由检察长或者检察委员会决定是否逮捕，特殊情况下，决定逮捕的时间可以延长 1 日至 3 日；犯罪嫌疑人未被拘留的，应当在侦查监督部门收到逮捕犯罪嫌疑人意见书后的 15 日以内由检察长或者检察委员会决定是否逮捕，重大、复杂的案件，不得超过 20 日。

（七）送达、通知及备案

1. 送达公安机关执行

根据《刑诉规则》的相关规定，对于公安机关提请批准逮捕的案件，人民检察院作出批准逮捕的决定的，应当连同案卷材料送达公安机关执行，并可以对收集证据、适用法律提出意见。根据案件的具体情况，可以向公安机关发出《提供法庭审判所需要证据材料意见书》。人民检察院作出批准逮捕决定的，公安机关应当立即执行，并将执行回执及时送达作出批准决定的人民检察院；如果未能执行，也应当将回执送达人民检察院，并写明未能执行的原因。

人民检察院作出不批准逮捕的决定的，应当说明理由，连同案卷材料送达公安机关执行。需要补充侦查的，应当同时通知公安机关，并附《不予批准逮捕案件补充侦查提纲》，列明需要查清的事实和需要收集、核实的证据。对于人民检察院作出不批准逮捕决定的，公安机关应当立即释放在押的犯罪嫌疑人或者变更强制措施，并在收到《不（予）批准逮捕决定书》3 日内将送达回执送达作出不批准逮捕决定的人民检察院。

对于人民检察院直接受理侦查的案件，省级以下（不含省级）人民检察院直接受理立案侦查的案件，上一级人民检察院决定逮捕的，应当将逮捕决定书连同案卷材料一并交下级人民检察院，由下级人民检察院通知同级公安机关执行。必要时，下级人民检察院可以协助执行。下级人民检察院应当在公安机关执行逮捕3日以内，将执行回执报上一级人民检察院。上一级人民检察院作出逮捕决定的，可以对收集证据、适用法律提出意见。

上一级人民检察院决定不予逮捕的，应当将不予逮捕决定书连同案卷材料一并交下级人民检察院，同时书面说明不予逮捕的理由。犯罪嫌疑人已被拘留的，下级人民检察院应当通知公安机关立即释放，并报上一级人民检察院；案件需要继续侦查，犯罪嫌疑人符合取保候审、监视居住条件的，由下级人民检察院依法决定取保候审或者监视居住。上一级人民检察院作出不予逮捕决定，认为需要补充侦查的，应当制作补充侦查提纲，送达下级人民检察院侦查部门。

最高人民检察院、省级人民检察院对本院侦查部门移送审查逮捕的案件，决定逮捕的，侦查监督部门应当将逮捕决定书连同案卷材料、讯问犯罪嫌疑人录音、录像送交侦查部门，由侦查部门通知公安机关执行。必要时人民检察院可以协助执行，并可以对收集证据、适用法律提出意见。决定不予逮捕的，侦查监督部门应当将不予逮捕的决定连同案卷材料、讯问犯罪嫌疑人录音、录像移交侦查部门。犯罪嫌疑人已被拘留的，侦查部门应当通知公安机关立即释放。

2. 通知本院监所检察部门

根据《刑诉规则》第326条、第350条的规定，对公安机关提请批准逮捕的案件，侦查监督部门应当将批准、变更、撤销逮捕措施的情况书面通知本院监所检察部门。人民检察院办理直接受理立案侦查的案件，侦查部门应当将决定、变更、撤销逮捕措施的情况书面通知本院监所检察部门。

3. 报上一级人民检察院备案

根据《刑诉规则》第312条、第313条的规定，外国人、无国籍人涉嫌除危害国家安全犯罪的案件，涉及国与国之间政治、外交关系的案件以及在适用法律上确有疑难的案件以外的其他犯罪案件，决定批准逮捕的人民检察院应当在作出批准逮捕决定后48小时内报上一级人民检察院备案。人民检察院办理审查逮捕的危害国家安全的案件，应当报上一级人民检察院备案。

对应当报上一级人民检察院备案的案件，应当在作出批准或不批准逮捕决定之日起3日内，由侦查监督部门填写《逮捕备案登记表》，连同提请批准逮捕书、审查逮捕案件意见书以及批准逮捕决定书或不（予）批准逮捕决定书，一并报送上一级人民检察院备案。

二、审查逮捕的方法

（一）讯问犯罪嫌疑人的方法

1. 审查逮捕阶段讯问犯罪嫌疑人的目的

首先应当明确的是，审查逮捕中的讯问与侦查中的讯问是不同的。审查逮捕是侦查监督工作的一部分，其目的是对侦查机关（部门）羁押犯罪嫌疑人的活动予以监督，防止其将不应当或不需要羁押的犯罪嫌疑人羁押起来，换句话说，严把批准（或决定）关、防止错捕（包括不必要的逮捕）才是审查逮捕的真正目的。因此，审查逮捕中的讯问也应以复核有关证据、防止错捕为目的，而不是以收集罪证为目的，应特别注意不应当或者不需要逮捕犯罪嫌疑人的情形，这一点应予明确，并应予特别强调。审查逮捕中讯问犯罪嫌疑人的准备工作和实施工作都应当围绕这一目的展开。

2. 讯问犯罪嫌疑人前的准备工作

讯问被拘留的犯罪嫌疑人前，应当准备好相关的法律文书，包括提讯凭证（注明审查逮捕起止日期）、公安机关提请批准逮捕书、人民检察院报请逮捕书或者逮捕犯罪嫌疑人意见书等。讯问未被拘留的犯罪嫌疑人前，应当征求侦查机关（部门）的意见，做好办案安全风险评估预警工作。

讯问犯罪嫌疑人前，要全面审阅案卷材料，熟悉案情及证据情况,还要掌握与本案有关的法律规定、相关政策和专业知识。要将案件事实与相关的法律规定进行比对,判断可能构成哪种罪名或者哪些罪名,对罪与非罪、此罪与彼罪不好定性的案件,要充分研习法律规定、相关司法解释,参考法律专家对这些规定的解读。同时,要认真了解一些相关的政策和专业知识,比如,在办理贷款诈骗案件时,就要充分了解办理贷款的程序、需要质押或抵押哪些物品以及要了解一些金融方面的知识。只有这样,才能明确讯问的内容与重点,达到讯问效果。

讯问犯罪嫌疑人前要认真制作讯问提纲。制作讯问提纲的目的,是为了保证讯问有组织、有计划、分阶段、按步骤地进行,避免盲目性。在制订计划时,要针对案件和犯罪嫌疑人的具体情况做好应对预案和相关准备,案情的不同、被讯问人的年龄、性别、职业、文化程度、社会阅历、懂法程度以及心理素质的不同,都应当成为选择不同讯问方法与策略的依据,必要时可以听取案件侦查人员的意见。应考虑到有临场的应变性,设计由不同的讯问方案组成的讯问体系,在一种方案不能达到目的时,再更换另一种方案,保证讯问的顺利进行和讯问目标的实现。

3. 讯问犯罪嫌疑人的程序与方法

讯问犯罪嫌疑人时,检察人员不得少于二人。

犯罪嫌疑人被送交看守所羁押后,讯问应当在看守所内进行。对于交通不便的地区,在确保网络安全的前提下,可以利用信息化手段,使用检察内网进行视频讯问,以减少用于路途的时间,节约司法资源,提高办案效率。

讯问时,应当首先查明犯罪嫌疑人的基本情况,依法告知犯罪嫌疑人的诉讼权利和义务,听取其供述和辩解,并根据案件具体情况特别是阅卷中发现的疑点,重点审查需要核实的问题,一般包括:第一,犯罪嫌疑人的基本情况,如:是否系未成年人,对临界14周岁、16周岁和是否已满18周岁的犯罪嫌疑人,应仔细核查年龄;是否患有不宜羁押的严重疾病,对女性犯罪嫌疑人要问清是否怀孕或正在哺乳自己的婴儿等情况;是否系人大代表或者政协委员等特殊身份；第二，犯罪嫌疑人被采取强制措施的时间和原因，是否存在变相羁押的情况，是否存在到案后不及时送看守所关押的情况；第三，犯罪嫌疑人供述存在的疑点；第四，主要证据之间存在的疑点及矛盾；第五，围绕本罪的构成要件进行全面的发问，查清基本案情；第六，查清此罪与彼罪，罪与非罪的关键要素；第七，侦查活动是否存在违法情形。犯罪嫌疑人检举揭发他人犯罪线索的，应当予以记录，并依照有关规定移送有关部门处理。

如果犯罪嫌疑人是未成年人在讯问的时候，应当通知其法定代理人到场。无法通知、法定代理人不能到场或者法定代理人是共犯的，也可以通知其他成年家属、所在学校、单位、居住地基层组织或者未成年人保护组织的代表到场，并将有关情况记录在案。如果犯罪嫌疑人是盲聋哑人或者不通晓当地语言文字的少数民族、外国人等，应当为其聘请与本案无利害关系的翻译人员提供翻译，并在讯问笔录上签字。

讯问犯罪嫌疑人应当制作讯问笔录，并交犯罪嫌疑人核对或者向其宣读，经核对无误后逐页签名、盖章或者捺指印并附卷。犯罪嫌疑人要求自行书写供述的，应当准许，但不得以自行书写的供述代替讯问笔录。有检举揭发他人犯罪线索的，应当予以记录，并依照有关规定移送有关部门处理。

当面讯问犯罪嫌疑人有困难的，可以进行视频讯问。视频讯问时，应当确保网络安全、保密。负责讯问的检察人员应当做好讯问笔录，协助讯问的其他检察人员应当配合做好提押、讯问笔录核对、签名等工作。

（二）审查判断证据的方法

1. 审查判断证据的原则

审查判断证据要遵循全面客观原则。

"全面"分为两个层次：第一层次是指既要审查证据的可靠性，又要审查证据的合法性，既要审查证据的内容，又要审查证据的资格。

根据我国目前的法律规定，对证据资格的审查判断主要就是对证据合法性的审查判断。对证据合法性的审查判断所要解决的就是哪些证据能够作为认定案件事实的依据这一证据资格问题。这是一个前提性的问题。只有具备证据资格的证据才能作为认定案件事实的依据，不具备合法性、依据法律规定应当被予以排除的证据是不具备证据资格的，哪怕其可能是真实的，也不能被作为认定案件事实的依据。对证据内容的审查判断所要解决的是证据的可靠性及证据（具备证据资格的）能够证明什么事实的问题。

不过，对证据合法性的审查判断和对证据内容的审查判断在实践中其实很难分开，虽然证据的合法性是证据得以作为认定案件事实之依据的前提，但往往要通过对证据内容的审查判断才能发现证据存在疑点，从而进一步发现可能是由于非法的取证方式导致了这些疑点，从而启动专门针对证据合法性的调查。值得指出的是，一旦某证据被作为非法证据予以排除，那么就无需再对其内容予以继续审查了，因为无论其真伪或者能够证明什么事实，它都不能作为认定案件事实的依据。因此，我们只能对那些没有被排除的证据的内容予以审查，通过比较分析，去伪存真，对这些证据能够证明什么事实予以判断。

第二层次是指对证据内容进行审查时，不能只注重能够证明犯罪嫌疑人有罪、符合逮捕条件的证据，还要甚至是更要注重能够证明犯罪嫌疑人无罪、不符合逮捕条件的证据，以防止错捕。

"客观"是指对证据的审查判断应当抱着客观的态度，避免先入为主，主观臆断，尤其要避免陷入有罪推定的泥潭。在证据出现矛盾的时候，要客观分析矛盾产生的原因，尤其要重视对犯罪嫌疑人的辩解以及与指控相矛盾的证据，不要轻易地将犯罪嫌疑人的辩解视为狡辩，对矛盾证据简单地加以否定。这实际上也是对"全面"原则第二层次含义的进一步解读。

2. 审查判断各类证据的重点

根据不同种类证据的特点，有重点地予以审查，更有可能使我们发现证据中的疑点，从而发现非法的证据和不可靠的证据，将它们予以排除。

(1) 物证、书证的审查重点

对物证、书证应当着重审查以下内容：一是物证、书证是否为原物、原件，物证的照片、录像或者复制品及书证的副本、复制件与原物、原件是否相符，相符的才可以作为定案的根据；物证、书证是否经过辨认、鉴定；物证的照片、录像或者复制品和书证的副本、复制件是否由二人以上制作，有无制作人关于制作过程及原件、原物存放于何处的文字说明及签名。二是物证、书证的收集程序、方式是否符合法律及有关规定；经勘验、检查、搜查提取、扣押的物证、书证，是否附有相关笔录或者清单；笔录或者清单是否有侦查人员、物品持有人、见证人签名，没有物品持有人签名的，是否注明原因；对物品的特征、数量、质量、名称等注明是否清楚。物证、书证在收集、保管及鉴定过程中是否受到破坏或者改变。三是物证、书证在收集、保管及鉴定过程中是否受到破坏或者改变。四是物证、书证与案件事实有无关联。对现场遗留与犯罪有关的具备检验鉴定条件的血迹、指纹、毛发、体液等生物物证、痕迹、物品，是否通过 DNA 鉴定、指纹鉴定等鉴定方式与被告人或者被害人的相应生物检材、生物特征、物品等作同一认定。五是与案件事实有关联的物证、书证是否全面收集。

(2) 证人证言、被害人陈述的审查重点

对证人证言应当着重审查以下内容：一是证言的内容是否为证人直接感知。二是证人作证时的年龄、认知水平、记忆能力和表达能力，生理上和精神上的状态是否影响作证。三是证人与案件当事人、案件处理结果有无利害关系。四是证言的取得程序、方式是否符合法律及有关规定；有无使用暴力、威胁、引诱、欺骗以及其他非法手段取证的情形；有无违反询问证人应当个别进行的规定；笔录是否经证人核对确认并签名（盖章）、捺指印；询问未成年证人，是否通知了其法定代理人到场，其法定代理人是否在场。五是证人证言之间以及其他证据之间能否相互印证，有无矛盾。对被害人陈述的审查重点与对证人证言的审查重点基本相似。

(3) 犯罪嫌疑人供述和辩解的审查重点

对犯罪嫌疑人供述和辩解应当着重审查以下内容：一是讯问的时间、地点、讯问人的身份等是否符合法律及有关规定，讯问犯罪嫌疑人的侦查人员是否不少于二人，讯问犯罪嫌疑人是否个别进行等。二是讯问笔录的制作、修改是否符合法律及有关规定，讯问笔录是否注明讯问的起止时间和讯问地点，首次讯问时是否告知犯罪嫌疑人申请回避、聘请律师等诉讼权利，犯罪嫌疑人是否核对确认并签名盖章、捺指印，是否有不少于二人的讯问人签名等。三是讯问聋哑人、少数民族人员、外国人时是否提供了通晓聋、哑手势的人员或者翻译人员，讯问未成年犯罪嫌疑人时，是否通知了其法定代理人到场，其法定代理人是否在场。四是犯罪嫌疑人的供述有无以刑讯逼供等非法手段获取的情形，必要时可以调取犯罪嫌疑人进出看守所的健康检查记录、笔录。五是犯罪嫌疑人的供述是否前后一致，有无反复以及出现反复的原因；犯罪嫌疑人的所有供述和辩解是否均已收集入卷；应当入卷的供述和辩解没有入卷的，是否出具了相关说明。六是犯罪嫌疑人的辩解内容是否符合案情和常理，有无矛盾。七是对犯罪嫌疑人供述和辩解是否进行了同步的录音、录像，讯问笔录的内容与录音、录像的内容是否一致。八是犯罪嫌疑人的供述和辩解与同案犯的供述和辩解以及其他证据能否相互印证，有无矛盾。

(4) 鉴定意见的审查重点

对鉴定意见应当着重审查以下内容：一是鉴定人是否存在应当回避而未回避的情形。二是鉴定机构和鉴定人是否具有合法的资质。三是鉴定程序是否符合法律及有关规定。四是检材的来源、取得、保管、送检是否符合法律及有关规定，与相关提取笔录、扣押物品清单等记载的内容是否相符，检材是否充足、可靠。五是鉴定的程序、方法、分析过程是否符合本专业的检验鉴定规程和技术方法要求。六是鉴定意见的形式要件是否完备，是否注明提起鉴定的事由、鉴定委托人、鉴定机构、鉴定要求、鉴定过程、检验方法、鉴定文书的日期等相关内容，是否由鉴定机构加盖鉴定专用章并由鉴定人签名盖章。七是鉴定意见是否明确。八是鉴定意见与案件待证事实有无关联。九是鉴定意见与其他证据之间是否有矛盾，鉴定意见与检验笔录及相关照片是否有矛盾。十是鉴定意见是否依法及时告知相关人员，当事人对鉴定意见是否有异议。

【案例】审查逮捕中的证据审查

殷某交通肇事案

公安机关认定的基本案情：

犯罪嫌疑人殷某，男，1983年12月11日生，汉族。

2009年4月2日11时，犯罪嫌疑人殷某驾驶低速普通货车沿柳开线由北向南行至闫家堡村交叉路口时，与由西向东行驶的王某某驾驶的无牌二轮摩托车发生碰撞，致王受伤，后于2009年10月17日死亡。

审查逮捕情况：

某县检察院在审查逮捕时发现死者王某某于事故发生后6个月在其家中死亡，其家属直接委托该县司法鉴定中心在其家中对死者王某某做了尸体检验并出具了死亡检验报告。而该鉴定中心并未在有关机关进行尸体检验的业务登记且其鉴定人也无尸体检验的资格证明；另外该鉴定中心对尸体进行检验的行为未经公安机关委托或聘请，且只对尸表进行检验就得出结论。因此，县检察院认为本案主要证据的取证程序存在重大问题，严重影响定罪，故依法对该案作出不予批捕的决定，并建议公安机关及时聘请有资质和资格的鉴定机构对尸体依法进行检验得出合法鉴定结论。

【案例评析】

本案中的鉴定存在鉴定主体不适格、鉴定程序不合法、鉴定方法不科学等多方面问题，通过这样的鉴定所提出的意见不能作为认定案件事实的根据。检察机关在审查逮捕阶段严把证据关，不以这样的证据作为决定逮捕的依据是正确的。

(5) 勘验、检查笔录、辨认、侦查实验等笔录的审查重点

对勘验、检查笔录应当着重审查以下内容：一是勘验、检查是否依法进行，笔录的制作是否符合法律及有关规定的要求，勘验、检查人员和见证人是否签名或者盖章等。二是勘验、检查笔录的内容是否全面、详细、准确、规范，是否准确记录了提起勘验、检查的事由，勘验、检查的时间、地点，在场人员、现场方位、周围环境等情况；是否准确记载了现场、物品、人身、尸体等的位置、特征等详细情况以及勘验、检查、搜查的过程；文字记载与实物或者绘图、录像、照片是否相符；固定证据的形式、方法是否科学、规范；现场、物品、痕迹等是否被破坏或者伪造，是否是原始现场；人身特征、伤害情况、生理状况有无伪装或者变化等。三是补充进行勘验、检查的，前后勘验、检查的情况是否有矛盾，是否说明了再次勘验、检查的原由。四是勘验、检查笔录记载的情况与被告人供述、被害人陈述、鉴定意见等其他证据能否印证，有无矛盾。

对辨认笔录应着重审查以下内容：一是辨认是否在侦查人员主持下进行。二是辨认前是否使辨认人见到辨认对象。三是辨认认定辨认活动是否个别进行。四是辨认对象是否混杂在具有类似特征的其他对象中，或者供辨认的对象数量是否符合规定（尸体、场所等特定辨认对象除外）。五是辨认中是否给辨认人明显暗示、是否明显有指认嫌疑。六是笔录的制作是否符合法律及有关规定的要求，侦查人员是否签名，辨认人、见证人是否签字或者盖章。七是辨认结果与其他证据能否印证，有无矛盾。

对侦查实验笔录应着重审查以下内容：一是侦查实验的依据是否成立、逻辑是否合理。二是侦查实验的条件与案件条件是否一致。三是有无影响侦查实验结果的意外因素。四是侦查实验的操作方法是否科学、规范。五是侦查实验的结论是否合乎逻辑。六是侦查实验的结论与其他证据能否印证，有无矛盾。

(6) 视听资料的审查重点

对视听资料应当着重审查以下内容：一是视听资料的来源是否合法，制作过程中当事人有无受到威胁、引诱等违反法律及有关规

定的情形。二是是否载明制作人或者持有人的身份,制作的时间、地点和条件以及制作方法。三是是否为原件,有无复制及复制份数;调取的视听资料是复制件的,是否附有无法调取原件的原因、制作过程和原件存放地点的说明,是否有制作人和原视听资料持有人签名或者盖章。四是内容和制作过程是否真实,有无经过剪辑、增加、删改、编辑等伪造、变造情形。五是内容与案件事实有无关联性。

(7) 电子数据的审查重点

对于电子邮件、电子数据交换、网上聊天记录、网络博客、手机短信、电子签名、域名等电子数据,应当主要审查以下内容:一是存储磁盘、存储光盘等可移动存储介质是否与打印件一并提交。二是是否载明该电子数据形成的时间、地点、对象、制作人、制作过程及设备情况等。三是制作、储存、传递、获得、收集、出示等程序和环节是否合法,取证人、制作人、持有人、见证人等是否签名或者盖章。四是内容是否真实,有无剪裁、拼凑、篡改、添加等伪造、变造情形。五是该电子数据与案件事实有无关联性。

3. 审查判断证据的方法

很多教材都将审查判断证据的方法分为单个证据的审查判断、多个证据的审查判断和全案证据的综合审查判断。然而,仅以单个证据为对象,实际上只能对其形式上是否符合法律的规定、有无瑕疵等作出判断,至于对其内容的真实与否,除非是明显不合逻辑或者明显有伪造迹象的,否则很难作出判断,至于有无非法取证的可能,仅凭单个证据更难于作出判断。因此,审查判断证据的方法归根结底,还是要将全案证据综合起来加以比较,唯其如此,才有可能作出正确的判断。具体而言,可以从纵向和横向两个方向进行比较分析。

纵向对比分析法,是指对先后形成的同一种类与来源的证据予以对比,分析其是否发生了变化,发生了何种变化,因何发生了变化等问题。例如,对同一犯罪嫌疑人前后几次供述与辩解的比较,对同一证人前后几次证言的比较,对同一被害人前后几次陈述的比较,对同一对象前后几次鉴定意见的比较,对同一对象前后几次勘验、检查笔录的比较等。

横向对比分析法,是指将不同种类或来源的证据予以对比,分析其是否一致,有无矛盾,矛盾是因何产生的等问题。例如,对不同犯罪嫌疑人供述与辩解的比较,对不同证人证言的比较,对不同被害人陈述的比较,对物证、书证、证人证言、被害人陈述、犯罪嫌疑人供述与辩解、鉴定意见、勘验、检查、辨认、侦查实验笔录、视听资料、电子数据的互相比较。

纵向分析和横向分析也是交叉进行的。例如,在司法实践中,犯罪嫌疑人翻供是常见的现象,常有先供后翻、时供时翻的情况发生,给审查逮捕工作带来一定难度。要想对犯罪嫌疑人的翻供进行真伪辨别,一方面要对其先后不同的供述予以对比分析。如果犯罪嫌疑人原始供述中有关犯罪的时间、地点、动机、目的等具体情节明确具体,且多次供述的内容一致,原始的供述真实性就大。如果犯罪嫌疑人原始供述抽象笼统,且反复性较大、前后矛盾,就有虚假的可能。另一方面要将其先后不同的供述与其他证据予以对比分析。如果原来的供述能够得到其他证据的印证,翻供原则上不能采信;相反,如果原来的供述无法得到其他证据的印证,而翻供能够得到其他证据的印证,就不能再采信原来的供述。同时,要找出犯罪嫌疑人翻供的原因。翻供常见的原因有:一是因刑讯逼供导致先供后翻;二是为了逃避罪责而推翻前供;三是因代人受过而把别人的犯罪事实说成自己的行为而后又后悔;四是因串供或因他人通风报信而翻供。找出了犯罪嫌疑人翻供的原因,能够更准确地判断犯罪嫌疑人的哪种供述才是真实的。

(三) 证据合法性的调查方法

审查监督部门仅仅依靠对侦查机关(部门)提供的案卷和证据予以审查,往往很难对证据的合法性作出判断,因此,对于犯罪嫌疑人提出遭遇刑讯逼供的,或者因其他原因使得证据的合法性存在疑问的,侦查监督部门应当采取一定的调查手段对证据的合法性予以调查。

对证据的合法性存在疑问主要是指对取证的过程中是否存在下列情形存在疑问：一是犯罪嫌疑人的供述是否系通过刑讯逼供等非法方法收集。"刑讯逼供等非法方法"中的"等"是指违法程度和对犯罪嫌疑人的强迫程度与刑讯逼供相当而迫使其违背意愿供述的方法。二是证人证言、被害人陈述是否系通过暴力、威胁等非法方法收集，其中"暴力、威胁等非法方法"中的"等"是指违法程度和对证人、被害人的强迫程度与暴力、威胁相当而迫使其违背意愿提供证言、陈述的方法。三是对物证、书证的收集是否符合法定程序，并可能严重影响司法公正。可能严重影响司法公正是指收集物证、书证不符合法定程序的行为明显违法或者情节严重，可能对司法机关办理案件的公正性造成严重损害。

根据《刑诉规则》第70条的规定，人民检察院可以采取以下方式对非法取证行为进行调查核实：一是讯问犯罪嫌疑人；二是询问办案人员；三是询问在场人员及证人；四是听取辩护律师意见；五是调取讯问笔录、讯问录音、录像；六是调取、查询犯罪嫌疑人出入看守所的身体检查记录及相关材料；七是进行伤情、病情检查或者鉴定；八是其他调查核实方式。根据《刑诉规则》第72条的规定，人民检察院认为存在以非法方法收集证据情形的，可以书面要求侦查机关对证据收集的合法性进行说明。说明应当加盖单位公章，并由侦查人员签名。上述方式，侦查监督部门均可采取，但是要注意不能超过审查逮捕的期限。

经过调查，对确系刑讯逼供等非法方法收集的犯罪嫌疑人供述和确系暴力、威胁等非法方法收集的证人证言、被害人陈述，应当予以排除，不能作为批准或决定逮捕的依据。对该证据排除后，其他证据不能证明犯罪嫌疑人实施犯罪行为的，应当决定不批准逮捕或不予逮捕。对收集物证、书证确实不符合法定程序，并可能影响司法公正的，应当要求侦查机关（部门）予以补正或者作出合理解释。所谓补正是指对取证程序上的非实质性瑕疵进行补救；合理解释是指对取证程序的瑕疵作出符合常理及逻辑的解释。不能补正或者作出合理解释的，对该证据亦应予以排除。

但更多的时候，由于审查逮捕期限较短，在审查逮捕期限以内可能无法查明究竟是否存在非法取证行为，也即既无法确定存在非法取证行为，也无法排除存在非法取证行为。对于这种情况，要慎重对待。新刑事诉讼法第58条规定："对于经过法庭审理，确认或者不能排除存在本法第五十四条规定的以非法方法收集证据情形的，对有关证据应当予以排除。"也即对于经过法庭审理虽然未能确认存在非法取证情形，但只要不能排除非法取证情形的，即要对相关证据予以排除。但是，在审查逮捕阶段不宜做如此严格的要求。对于在审查逮捕期限以内无法查明究竟是否存在非法取证行为的，要结合该证据对判断是否符合逮捕条件的作用大小、存在非法取证行为的可能性的大小、可能存在的非法取证行为的严重程度、对证据可靠性的影响程度、不予逮捕可能造成后果的严重程度等综合予以考虑。对于判断是否符合逮捕条件所依据的关键证据具有非法取证可能，且可能性较大的，应尽量不批准或不予逮捕。但不批准或不予逮捕可能造成严重后果的，应当批准或决定逮捕，将来该证据因被查明确系非法所得或者因不能排除系非法所得而被排除，从而导致该案件被撤销、不起诉或者判决无罪的，不能作错捕论。

三、审查逮捕案件意见书的制作

承办人在对案件进行审查之后，应当制作《审查逮捕意见书》，《审查逮捕意见书》一般分为六个部分：一是受理和审查案件的过程；二是犯罪嫌疑人基本情况；三是发案、立案、破案经过；四是案件事实和证据；五是需要说明的问题；六是处理意见。具体包括以下内容：

1. 受理和审查过程。依次写明受案日期，提请、移送、报送单位，提请、移送、报请案号、案由（犯罪嫌疑人的姓名、涉嫌的罪名，共同犯罪中的犯罪嫌疑人分别涉嫌多种罪名的，要按照各犯罪嫌疑人所涉嫌的不同罪名分别予以表述），审查逮捕承办人的姓名、职务，审查逮捕的简要过程（审阅案卷，讯问犯罪嫌疑人或送达《听取犯罪嫌疑人意见书》，核实证据，提前介入，是否要求补充证据、补充证据的内容等）。

2. 犯罪嫌疑人基本情况。依次写明犯罪嫌疑人姓名（曾用名、绰号），性别，年龄（未成年人或者刚满18周岁的应写明出生年月日），民族，籍贯（外国人需标明国籍，无国籍人需标明），政治面貌，文化程度，职业或者工作单位，职务（是人大代表或政协委员的需表明，职务犯罪嫌疑人还需写明其任职时间及具体工作职责），住址，有无前科劣迹，是否患有严重疾病，是否有盲、聋、哑、残废、智障或者正在怀孕、哺乳等影响羁押的情况，因何罪名、被何单位采取何种强制措施，被拘留者的拘留时间、羁押场所。如有多名犯罪嫌疑人应按罪行轻重，从重到轻逐一进行表述。如果犯罪嫌疑人是单位，应先写明单位名称、单位性质、单位住所，然后依次写明直接负责的主管人员和其他直接责任人员的个人情况。

3. 发案、立案、破案经过。简要写明案件的报案时间、报案地点、报案人、报案内容、受理时间、受理机关、立案时间、立案机关、侦破过程（特别是抓获犯罪嫌疑人过程）。

4. 案件事实和证据。

（1）侦查机关（部门）认定的案件事实。承办人不能简单地全文照搬侦查机关（部门）相关法律文书中的表述，应当在不失原意的情况下进行必要的综合、归纳，简洁地予以表述。

（2）经审查认定的案件事实及证据。案件事实部分：承办人经审查与侦查机关（部门）认定的案件事实一致，且认定的案件事实有证据证明的，不再另行叙述经审查认定的案件事实，只需写明：经审查，所认定的案件事实与侦查机关（部门）认定的案件事实一致，案件事实有证据证明。如经审查与侦查机关（部门）认定的案件事实有不一致的地方，应逐一列出不一致之处，相同之处不必重复。证据部分：承办人经审查认为侦查机关（部门）收集的证据确实充分的，一般可按照犯罪嫌疑人供述和辩解、被害人陈述、证人证言、书证、物证、鉴定意见、视听资料的顺序对证据进行必要的摘抄，并对其证明的案件事实、证明力进行分析和说明。认为侦查机关（部门）收集的证据不足以证明其认定的案件事实的，应指出现有证据不足以证明侦查机关（部门）认定的案件事实，在对证据进行必要的摘抄后，对证据情况进行分析，说明认为证据不足的理由。如经审查认定的事实与侦查机关（部门）认定的事实不一致的，还需通过分析证据加以说明。对案件事实和证据的表述应当紧紧围绕犯罪构成进行。案件事实的表述必须以证据材料反映的内容为依据，无推测、想象成分。如果犯罪嫌疑人涉嫌多个罪名，应以每个罪名为单位，分别叙述案件事实并列出相关证据加以分析。对证据的排列顺序没有一定之规，要根据案件的具体情况，按证据对案件事实证明作用的大小进行排列。

5. 需要说明的问题。主要是关于有无逮捕必要性的说明，还可以根据案件具体情况对以下问题加以说明：上级机关或有关领导对案件的批示、指示意见；可能影响案件处理的背景情况，如在当地有无重大影响，人民群众、新闻媒体是否广泛关注等；需要补充侦查的事项；案卷或证据存在的瑕疵和问题；侦查活动监督的事项及处理意见；立案监督的事项及处理意见；需发出检察建议的事项；等等。

6. 处理意见。在该部分结合逮捕的条件，对是否批准或决定逮捕犯罪嫌疑人发表意见。

（1）承办人意见。拟批准（决定）逮捕的，根据犯罪概念、犯罪构成、逮捕的条件对案情进行高度概括后，写明犯罪嫌疑人涉嫌何罪名，根据刑法第几条、刑事诉讼法第79条之规定，建议批准（决定）逮捕。拟不（予）批准逮捕或不予逮捕的，应对案情进行高度概括后，区别不同情况进行表述。对行为不构成犯罪或者犯罪非犯罪嫌疑人所为的，写明其行为不构成犯罪或者本案非犯罪嫌疑人所为，根据刑事诉讼法第79条之规定，建议不（予）批准逮捕或不予逮捕；对证据不足的，应写明现有证据不足以证明犯罪嫌疑人有犯罪事实，根据刑事诉讼法第79条之规定，建议不（予）批准逮捕或不予逮捕；对无逮捕必要的，应写明犯罪嫌疑人的行为涉嫌何罪,但犯罪情节较轻或不属于有逮捕必要的情形,无逮捕必要,根据刑事诉讼法第 79 条之规定,建议不(予)批准逮捕或不予逮捕;对患有严重疾病、生活不能自理的,或者怀孕或正在哺乳自己婴儿的,或者系生活不能自理的人的唯一扶养人的,或者因为案件的特殊情况或者办理案件的需要,采取监视居住措施更为适宜的,或者羁押期限届满,案件尚未办结,需要采取监视居住措施的,应写明犯罪嫌疑人的行为涉嫌何罪,但具有上述情形,根据刑事诉讼法第 60 条、第 72 条之规定,建议不(予)批准逮捕或不予逮捕。

(2)部门负责人意见。写明犯罪嫌疑人是否涉嫌犯罪、涉嫌的罪名,是否同意批准或决定逮捕或者不(予)批准逮捕或不予逮捕,并签名。

(3)检察长或者检察委员会意见。批准逮捕或决定逮捕的,写明犯罪嫌疑人涉嫌的罪名及批准逮捕或决定逮捕的意见,并由检察长签名;决定不(予)批准逮捕或者不予逮捕的,写明原因及决定不(予)批准逮捕或者不予逮捕的意见,并由检察长签名。

对于事实清楚、证据确实充分、案情简单、定性及适用法律没有争议的案件,可以简化制作《审查逮捕意见书》。

第三节 对特殊犯罪嫌疑人的审查逮捕

对一些具有特殊身份的犯罪嫌疑人,审查逮捕需遵循一定的特殊程序,主要包括:一是外国籍、无国籍犯罪嫌疑人;二是担任人大代表、政协委员的犯罪嫌疑人;三是未成年的犯罪嫌疑人。

一、对外国籍、无国籍犯罪嫌疑人的审查逮捕

(一)审查逮捕外国籍、无国籍犯罪嫌疑人的程序

根据新刑事诉讼法的规定,外国人犯罪的第一审案件(除危害国家安全、恐怖活动案件、可能判处无期徒刑、死刑的案件、全

省性、全国性的重大案件以外）不再由中级人民法院管辖，而由基层人民法院管辖。相应的，外国人犯罪案件的侦查管辖、审查逮捕的管辖及程序等都有所变化。根据《刑诉规则》第312条的规定，外国人、无国籍人涉嫌危害国家安全犯罪的案件或者涉及国与国之间政治、外交关系的案件以及在适用法律上确有疑难的案件，认为需要逮捕犯罪嫌疑人的，按照刑事诉讼法第19条、第20条的规定，分别由基层人民检察院或者分、州、市人民检察院审查并提出意见，层报最高人民检察院审查。最高人民检察院经审查认为需要逮捕的，经征求外交部的意见后，作出批准逮捕的批复，经审查认为不需要逮捕的，作出不批准逮捕的批复。基层人民检察院或者分、州、市人民检察院根据最高人民检察院的批复，依法作出批准或者不批准逮捕的决定。层报过程中，上级人民检察院经审查认为不需要逮捕的，应当作出不批准逮捕的决定。基层人民检察院或者分、州、市人民检察院经审查认为不需要逮捕的，可以直接依法作出不批准逮捕的决定。外国人、无国籍人涉嫌《刑诉规则》第312条第1款规定以外的其他犯罪案件，决定批准逮捕的人民检察院应当在作出批准逮捕决定48小时以内报上一级人民检察院备案，同时向同级人民政府外事部门通报。上一级人民检察院对备案材料经审查发现错误的，应当依法及时纠正。

此外，对于外国人、无国籍人涉嫌危害国家安全犯罪的案件或者涉及国与国之间政治、外交关系的案件以及在适用法律上确有疑难的案件，需要逮捕犯罪嫌疑人的，由于要履行上述报批及征求意见程序，而审查逮捕的期限却并无特殊延长，因此，在实践中，基层人民检察院或者分、州、市人民检察院审查并提出意见的时间，对犯罪嫌疑人已被拘留的，一般不能超过3日，对犯罪嫌疑人未被拘留的，一般不能超过7日。不能在法定时限内作出决定的，应当及时通知有关侦查机关依法变更强制措施。

（二）审查逮捕外国籍、无国籍犯罪嫌疑人的方法

对外国人、无国籍人的审查逮捕，应当重点审查以下内容：

第一，犯罪嫌疑人的身份。对此可以通过以下方法审查：其一，犯罪嫌疑人持有合法有效的外国护照或身份证明的，按其护照或证明认定为外国人并认定其国籍。对持有多国护照的，一般以其入境时所使用的护照认定国籍，护照复印件不能作为认定国籍和身份的有效证件。其二，犯罪嫌疑人没有合法有效的身份证明，而又自称外国人的，由侦查机关通过外事部门查证，无法查证但又具有可信性的，按无国籍人对待。所谓可信性，一般可以从体貌、血统、语言等方面判断。其三，犯罪嫌疑人持有的外国护照、身份证明，经查系伪造、涂改或非法购买的，不予承认。对其中具有明显中国人特征，不如实申报本人姓名、地址的，按中国公民对待；对其中具有明显外国人特征的，按无国籍人对待。其四，犯罪嫌疑人持有合法有效的外国护照，同时具有中国护照或居民身份证的，一般应按照取得合法有效身份证明的时间顺序来确定。外国身份证明在后的，按照我国国籍法的规定，中国公民取得外国国籍时将自动丧失中国国籍，应按外国国籍身份认定；如果中国身份证明取得在后的，按照我国国籍法的规定，外国人经批准取得中国国籍后，不得保留外国国籍，应按中国公民看待。其五，对犯罪嫌疑人身份或者国籍无法查明且拒绝提供有关身份证明的，人民检察院根据其自报的姓名审查办理。

第二，案件的管辖是否符合有关法律或司法解释的规定。根据最高人民法院《关于适用〈中华人民共和国刑事诉讼法〉的解释》中的相关规定，外国人在中华人民共和国领域外对中华人民共和国国家或者公民犯罪，根据《中华人民共和国刑法》应当受处罚的，应当由该外国人入境地、入境后居住地或者被害中国公民离境前居住地的侦查机关立案侦查；外国人犯中华人民共和国缔结或者参加的国际条约所规定的罪行，中华人民共和国在所承担条约义务的范围内，行使刑事管辖权的，由该外国人被抓获地的侦查机关立案侦查；外国人在中华人民共和国领域外的中国船舶内犯罪，由该船舶最初停泊的中国口岸所在地的侦查机关立案侦查；外国人在中华人民共和国领域外的中国航空器内犯罪的，由该航空器在中国最初降落地的侦查机关立案侦查；外国人在国际列车上犯罪的，根据我国与相关国家签订的协定确定管辖，没有协定的，由该列车最初停靠的中国车站所在地或者目的地的铁路公安机关立案侦查。

第三，对外国籍、无国籍犯罪嫌疑人采取强制措施的情况是否符合法律及公安部的有关规定。例如对外国人、无国籍人予以刑事拘留的，是否经过了相应的审批程序，手续是否齐全等。

第四，对外国犯罪嫌疑人讯问笔录的审查，要重点审查聘请翻译人员的有关法律手续是否齐备；翻译人员是否具备相应资格；制作的讯问笔录是否有翻译人员的签字；翻译人员是否同步制作犯罪嫌疑人所使用语言的笔录；犯罪嫌疑人签字内容是否如实翻译并注明在笔录上；犯罪嫌疑人是否在中、外文讯问笔录上签名等。

二、对担任人大代表、政协委员的犯罪嫌疑人的审查逮捕

(一) 审查逮捕担任人大代表的犯罪嫌疑人的程序与方法

1. 审查逮捕担任人大代表的犯罪嫌疑人的程序

犯罪嫌疑人担任县级以上人大代表的，批准或决定逮捕犯罪嫌疑人，必须经过该代表所属人民代表大会主席团或常委会许可。根据《刑诉规则》第146条的规定，人民检察院对担任本级人民代表大会代表的犯罪嫌疑人批准或者决定逮捕，应当报请本级人民代表大会主席团或者常务委员会许可。报请许可手续的办理由侦查机关负责。对担任上级人民代表大会代表的犯罪嫌疑人批准或者决定逮捕，应当层报该代表所属的人民代表大会同级的人民检察院报请许可。对担任下级人民代表大会代表的犯罪嫌疑人批准或者决定逮捕，可以直接报请该代表所属的人民代表大会主席团或者常务委员会许可，也可以委托该代表所属的人民代表大会同级的人民检察院报请许可。对担任两级以上的人民代表大会代表的犯罪嫌疑人批准或者决定逮捕，分别报请许可。对担任办案单位所在省、市、县（区）以外的其他地区人民代表大会代表的犯罪嫌疑人批准或者决

定逮捕，应当委托该代表所属的人民代表大会同级的人民检察院报请许可；担任两级以上人民代表大会代表的，应当分别委托该代表所属的人民代表大会同级的人民检察院报请许可。

犯罪嫌疑人担任乡、民族乡、镇的人民代表大会代表的，批准或者决定逮捕犯罪嫌疑人，无需履行报请许可程序，但应履行报告程序，要向乡、民族乡、镇的人民代表大会报告。

2. 审查逮捕担任人大代表的犯罪嫌疑人的方法

审查逮捕担任人大代表的犯罪嫌疑人，可能会遇到很多特殊的情况，需要采取特殊的应对方法。

第一，关于审查逮捕期限的问题。由于批准或决定逮捕人大代表必须履行报请许可手续，其间，需由人大主席团或常委会临时召集会议进行审议，检察机关在法定办案期限内往往得不到许可文件，如不采取相应的措施，很可能会导致超期羁押。在司法实践中，可根据情况采取以下对策：其一，与侦查机关（部门）协商，除紧急情况外，尽量不采用刑事拘留的强制措施，而使用直接报捕的方法。其二，对侦查机关提请的已被刑事拘留或虽未刑拘但在报请许可过程中，将要超越办案时限的，应当及时作出不批准逮捕决定，并写明不批准逮捕理由是因为尚在办理许可手续，并将决定送交侦查机关执行，由侦查机关（部门）依照有关规定将对犯罪嫌疑人的拘留变更为取保候审或者监视居住，并建议侦查机关（部门）启动复议、复核救济程序予以解决。其三，对检察机关自侦部门移送审查逮捕的案件，在法定时间内不能办结的，也应当及时作出不予逮捕决定，由自侦部门及时变更强制措施。

第二，关于在侦查机关（部门）采取其他限制人身自由措施时，依法已经人大许可或报告的，逮捕时是否应再次报请人大许可的问题。现行法律对这一问题没有明确的规定，但严格理解，对县级以上各级人民代表大会代表，即便曾因采取法律规定的限制人身自由的措施得到所属人大主席团或常委会许可的，批准或决定逮捕也应再次报请人大许可。但是，根据全国人大法制工作委员会《关于人大代表由刑事拘留转逮捕是否需要再次许可问题的意见》，市人大代表涉嫌刑事犯罪，经市人大常委会许可后被刑事拘留，批准或决定逮捕不需要再报经市人大常委会许可。

第三，关于人大主席团或常委会不同意逮捕犯罪嫌疑人的问题。人大主席团或常委会不同意逮捕的，检察机关应执行人大的决议，不得强行逮捕，否则是一种严重的违法行为。司法实践中检察机关可视情况作以下处理：首先，检察机关可以要求人大常委会说明不许可逮捕的理由。如果检察机关认为人大常委会不许可逮捕的理由不成立的，可以要求复议一次。在复议期间，对于已被刑事拘留的人大代表应当变更强制措施。其次，如果意见仍不被接受，检察机关可以通过两个途径解决：一是提交同级党委政法委协调，建议由该人大重新审议，撤销原不许可决议，作出许可逮捕决议；二是通过上级检察机关向上级人大常委会提请，依据《中华人民共和国地方各级人民代表大会和地方各级人民政府组织法》第44条第7项的规定，依法撤销下一级人民代表大会及其常委会的不适当的决议，并指令许可逮捕，由下一级人民代表大会及其常委会执行。

（二）审查逮捕担任政协委员的犯罪嫌疑人的程序

对担任政协委员的犯罪嫌疑人需要逮捕的，应及时以书面形式向该委员所在的政协组织通报情况后，方可批准或者决定逮捕。如情况紧急，也可同时或事后及时通报。具体通报方式参照审查逮捕担任人大代表的犯罪嫌疑人的报请许可程序进行。

三、对未成年犯罪嫌疑人的审查逮捕

（一）审查逮捕未成年犯罪嫌疑人的原则

1. 教育、感化、挽救的方针

《中华人民共和国未成年人保护法》第38条规定："对违法犯罪的未成年人，实行教育、感化、挽救的方针，坚持教育为主、惩罚为辅的原则。"新刑事诉讼法第五编特别程序专门规定了"未成

年人刑事案件诉讼程序",第 266 条第 1 款规定:"对犯罪的未成年人,实行教育、感化、挽救的方针,坚持教育为主、惩罚为辅的原则。"教育、感化、挽救的方针应贯穿于未成年人刑事案件诉讼程序的始终。对未成年人的审查逮捕工作也要立足于教育、感化和挽救。

【案例】对未成年犯罪嫌疑人的审查逮捕应立足教育感化挽救

吴某故意伤害案

公安机关认定的基本案情:

2004 年 1 月 18 日,某中学 15 岁的少年吴某在学校门口遇见小静,吴某以前听别人说小静曾扬言要打他,双方话不投机,吴某决定先下手为强,掏出随身携带的折叠刀朝小静腹部连刺三刀,致使小静胃破裂。

审查逮捕情况:

检察人员在审查逮捕时发现,吴某是班级的纪律委员,平时表现不错,成绩也好,此时正面临考试,如果继续羁押将耽误其毕业,且其对自己的行为非常后悔,取保候审不致发生社会危险性,遂作出了不批准逮捕的决定,并经多方努力,做通了被害人、学校等方面的工作。公安机关对吴某取保候审,使其如期参加了毕业考试。考试之后,检察人员又与学校、老师、家长签订了帮教协议,明确了各方的责任,此时吴某痛哭不止,表示一定要努力学习,做一个守法的好孩子。

【案例评析】

本案中,检察人员立足教育、感化、挽救的方针,在对未成年犯罪嫌疑人吴某取保候审不致发生社会危险性的情况下作出了不批准逮捕的决定,并与其学校、老师、家长签订帮教协议,对吴某予以教育、帮助,取得了良好的法律效果和社会效果。

2. 专人负责原则

新刑事诉讼法第 266 条第 2 款规定:"人民法院、人民检察院和公安机关办理未成年人犯罪案件,应当保障未成年人行使其诉讼权利,保障未成年人得到法律帮助,并由熟悉未成年人身心特点的审判人员、检察人员、侦查人员承办。"《刑诉规则》第 484 条规定:"人民检察院应当指定熟悉未成年人身心特点的检察人员办理未成年人刑事案件。"

在审查逮捕工作中,应尽可能指定业务素质高、办案经验丰富、工作作风细致、熟悉未成年人身心特点的检察人员,尤其是女检察人员,负责对未成年人犯罪案件的审查。讯问女性未成年犯罪嫌疑人,应当有女检察官在场。

3. 全面审查原则

新刑事诉讼法第 268 条规定:"公安机关、人民检察院、人民法院办理未成年人刑事案件,根据情况可以对未成年犯罪嫌疑人、被告人的成长经历、犯罪原因、监护教育等情况进行调查。"《刑诉规则》第 486 条规定:"人民检察院根据情况可以对未成年犯罪嫌疑人的成长经历、犯罪原因、监护教育等情况进行调查,并制作社会调查报告,作为办案和教育的参考。人民检察院开展社会调查,可以委托有关组织和机构进行。人民检察院应当对公安机关移送的社会调查报告进行审查,必要时可以进行补充调查。人民检察院制作的社会调查报告应当随案移送人民法院。"这些规定体现了对未成年人案件的全面审查原则。全面审查原则也是对教育、感化、挽救方针的贯彻,只有全面了解未成年人的成长经历、犯罪原因、监护教育等相关情况,才能对其予以有针对性和有成效的教育、感化和挽救。

对未成年犯罪嫌疑人的审查逮捕,要在认真全面审阅案卷的基础上,对未成年犯罪嫌疑人予以详细、全面的讯问,要认真听取辩护律师的意见,同时要坚持做到"三见面":与被害人见面,与家长或监护人见面,与学校老师或住地相关人员见面,以确保在查清案件事实的同时,查清未成年犯的犯罪原因、动机、家庭背景及社会背景等相关情况，从而为判断是否具有逮捕必要提供充分的依据，也更有利于教育、感化、挽救方针的贯彻。

4. 严格限制适用逮捕的原则

新刑事诉讼法第 269 条第 1 款规定："对于未成年犯罪嫌疑人、被告人应当严格限制适用逮捕措施……"《刑诉规则》第 487 条规定："人民检察院办理未成年犯罪嫌疑人审查逮捕案件，应当根据未成年犯罪嫌疑人涉嫌犯罪的事实、主观恶性、有无监护与社会帮教条件等，综合衡量其社会危险性，严格限制适用逮捕措施。"

具体而言，根据《刑诉规则》第 488 条的规定，对于罪行较轻，具备有效监护条件或者社会帮教措施，没有社会危险性或者社会危险性较小，不逮捕不致妨害诉讼正常进行的未成年犯罪嫌疑人，应当不批准逮捕。对于罪行比较严重，但主观恶性不大，有悔罪表现，具备有效监护条件或者社会帮教措施，具有下列情形之一，不逮捕不致妨害诉讼正常进行的未成年犯罪嫌疑人，可以不批准逮捕：初次犯罪、过失犯罪的；犯罪预备、中止、未遂的；有自首或者立功表现的；犯罪后如实交代罪行，真诚悔罪，积极退赃，尽力减少和赔偿损失，被害人谅解的；不属于共同犯罪的主犯或者集团犯罪中的首要分子的；属于已满 14 周岁不满 16 周岁的未成年人或者系在校学生的；其他可以不批准逮捕的情形。

（二）审查逮捕未成年犯罪嫌疑人的方法

1. 审查的重点

对未成年犯罪嫌疑人的审查逮捕，应着重审查以下问题：

第一，注重对犯罪嫌疑人年龄的审查。犯罪嫌疑人的年龄是判断他们的行为是否构成犯罪或者是否应当从轻处罚的重要要件之一，所以，对犯罪嫌疑人可能是未成年人的，查清犯罪嫌疑人是否不满 14 周岁、16 周岁或 18 周岁是非常重要的。如在办理邓某盗窃一案时，承办人经审查发现犯罪嫌疑人邓某供述的出生日期与其父母证实的出生日期不同，与当地派出所出具的户籍证明的记载也不相同。检察机关从保护未成年人的角度考虑，对犯罪嫌疑人邓某作出了不批准逮捕的决定,同时建议公安机关继续收集能够证明邓某年龄的证据。最后,经过认真调查查明邓某的年龄不满16周岁,公安机关对邓某作了其他处理。

第二,注重对犯罪嫌疑人成长经历、家庭环境、个性特点、社会活动等情况的审查。对于需要提请批准逮捕的未成年犯罪嫌疑人,应要求公安机关移送对该未成年人的社会调查情况,通过学校、家庭等有关组织和成员,了解未成年犯罪嫌疑人的成长经历、家庭环境、个性特点、社会活动等情况,为案件处理提供参考。这一方面便于办案人员在提审未成年犯罪嫌疑人时掌握其心理状态,及时对其开展教育、感化和挽救工作;另一方面也有利于在全面审查案件事实和证据的基础上,综合考虑有无逮捕未成年犯罪嫌疑人的必要。

第三,注重对应当或可以不批准逮捕的情形的审查。包括对罪行轻重的审查,对有无有效监护条件或社会帮教措施的审查,尤其是要着重审查未成年犯罪嫌疑人是否初次犯罪、过失犯罪,是否属于犯罪预备、中止、未遂,是否有自首或者立功表现,是否如实交代罪行、真诚悔罪、积极退赃、尽力减少和赔偿损失,是否属于共同犯罪的主犯或者集团犯罪中的首要分子,是否属于已满14周岁不满16周岁的未成年人,是否系在校学生等情形。

【案例】 未成年人犯罪案件的审查重点

贺某等人故意伤害案

公安机关认定的基本案情:

犯罪嫌疑人贺某,男,23岁,初中文化程度,无业;犯罪嫌疑人柴某,男,18岁,初中文化程度,无业;犯罪嫌疑人郭某,男,高三学生,案发时未满18周岁;犯罪嫌疑人孙某,男,某中专在校生,案发时未满18周岁;被害人,尚某,男,高三学生。

2010年5月12日19时30分左右,犯罪嫌疑人贺某以找女朋友为名,伙同犯罪嫌疑人柴某、郭某、孙某尾随冯某(女,高三学生)至某处,贺上前与冯搭话,想让冯做其女友,冯的男友尚某见状上前与其交涉,二人话不投机发生打斗,与贺同行的柴随即参与打斗,打斗中,贺用随身携带的水果刀将尚连捅7刀,尚同行好友史某(男,高三学生)欲上前阻止打斗,被与贺同行的郭、孙制止,贺将尚捅伤后先行逃离现场,柴某、郭某、孙某见状亦相继逃离。经某县公安局法医检验所鉴定,尚某之损伤属轻伤。

审查逮捕情况:

某县检察院于2010年6月2日接到县公安局以涉嫌故意伤害提请批准逮捕犯罪嫌疑人贺某、柴某、郭某、孙某的文书及案卷材料后,承办人审阅了案卷,讯问了犯罪嫌疑人,核实了相关证据,认为本案存在以下焦点问题:其一,将被害人尚某捅伤的主要犯罪嫌疑人贺某负案在逃,已归案的其余三名犯罪嫌疑人柴某、郭某、孙某是否属于"情节轻微",是否有逮捕必要。其二,犯罪嫌疑人郭某、孙某犯罪时未满18周岁,是否应从轻处理。其三,犯罪嫌疑人郭某父亲向检察院提出申请,并提供了普通高校招生统一考试准考证及校方出具的证明,称郭某将参加高考,请求为郭某办理参加考试的手续;同日,犯罪嫌疑人孙某父亲亦提出申请,称其子即将参加所在学校考试,请求予以从宽处理。是否可同意监护人请求,给予两名在校生参加考试的机会。其四,此案在当地反响强烈,如对柴某、郭某、孙某进行从宽处理,是否会放纵犯罪,受害人尚某是否会对此处理决定不服,当地群众是否会有负面舆论。

县检察院召开检委会专门就此案涉及的焦点问题进行讨论,结合案件特殊情况,经过反复研究,对上述焦点问题达成如下意见:其一,除贺某以外的三名犯罪嫌疑人,属于犯罪情节轻微。犯罪嫌疑人柴某虽参与打斗,但案发前未预谋,只是出于"兄弟义气"为贺助威,并未预料到贺某会用水果刀捅伤尚某;犯罪嫌疑人郭某、孙某并未直接参与打斗,只是制止史某为尚某帮忙。其二,犯罪嫌疑人郭某、孙某犯罪时未满18周岁,具有《中华人民共和国刑法》规定的"已满14周岁不满18周岁的人犯罪,应当从轻或者减轻处罚"法定从轻处理的情节。其三，鉴于郭某、孙某面临高考等情况，应根据实际情况尽快对监护人申请进行答复。其四，柴某、郭某、孙某系初犯、偶犯，且犯罪情节轻微，主观恶性不大，案发后能积极配合司法调查，主动交代犯罪经过，认罪表现良好，又能与被害人尚某达成民事赔偿调解协议，不批准逮捕不至于发生社会危险性，也不至于在社会上形成负面舆论。

据此，院检委会形成如下意见：犯罪嫌疑人贺某、柴某、郭某、孙某的行为已触犯《中华人民共和国刑法》第234条之规定，涉嫌故意伤害罪，依法对犯罪嫌疑人贺某予以批准逮捕；犯罪嫌疑人柴某、郭某、孙某犯罪情节轻微，无逮捕必要，依法不予批准逮捕。

【案例评析】

本案中，人民检察院在对未成年犯罪嫌疑人的审查逮捕中，注重审查应当或可以不批准逮捕的情形，充分重视未成年人犯罪案件的特殊性，这一点值得肯定。

2. 审查的方法

对未成年犯罪嫌疑人的审查逮捕，必须讯问未成年犯罪嫌疑人。对未成年犯罪嫌疑人的讯问，应当通知其法定代理人到场。无法通知、法定代理人不能到场或者法定代理人是共犯的，也可以通知犯罪嫌疑人、被告人的其他成年家属，所在学校、单位、居住地基层组织或者未成年人保护组织的代表到场，并将有关情况记录到案。到场的法定代理人可以代为行使犯罪嫌疑人、被告人的诉讼权利。到场的法定代理人或者其他人员认为办案人员在讯问、审判中侵犯未成年人合法权益的，可以提出意见。讯问笔录应当交给到场的法定代理人或者其他人员阅读或者向他宣读。

对未成年犯罪嫌疑人的讯问方式应当采取不同于成年人的方式，讯问未成年人可采取面对面或者其他谈心的方式进行，消除其紧张心理和抵触情绪。讯问前，除掌握案件的情况和证据材料以外，还应当了解其生活、学习环境、成长经历、性格特点、心理状态及社会交往等情况，有针对性地制作讯问提纲，采取最适宜该未成年人的方式进行。讯问未成年犯罪嫌疑人时，应当耐心细致地听取其辩解，认真予以审核、查证，并对其思想顾虑、畏惧心理、抵触情绪进行疏导和教育。

（三）《审查逮捕未成年人案件意见书》的制作

《审查逮捕未成年人案件意见书》应当体现未成年人案件的特殊性，应反映出以下内容：

1. 未成年犯罪嫌疑人的身份情况应当写明出生年月日，并注明犯罪时的年龄，未成年犯罪嫌疑人的出生地、曾经就读的学校、毕业（肄业）的时间（辍学的注明原因）、身份证号码、所属公安机关（派出所）及社区。

2. 未成年犯罪嫌疑人的家庭情况（包括共同居住人）、监护情况、法定代理人或监护人的联系地址和方法。父母离异的应当注明。未成年犯罪嫌疑人由亲友照顾的，也应注明亲友的联系地址和方法。

3. 未成年犯罪嫌疑人的平时表现和前科劣迹情况，所受行政处分或刑罚的种类、刑期以及末次刑罚的刑满释放时间，以及经公安机关查证属实但未被司法机关处罚的情况。

4. 共同犯罪案件，在事实阐述中应当写明未成年犯罪嫌疑人在本案中所处的地位和作用，在证据分析中应当运用证据说明认定的理由。

5. 未成年犯罪嫌疑人的身份、年龄的证据，应当单独列出"认定身份、年龄的证据材料"，对出生日期等内容进行摘抄，对出具证明的机关应当予以说明，对认定的理由进行分析。

6. 对未成年犯罪嫌疑人有无逮捕必要的说明，应当根据未成年犯罪嫌疑人的具体情况，结合其家庭、学校、社区的帮教条件，以及本人是否具有发生社会危险性，影响诉讼活动进行等情况进行详细分析说明。

第四节 审查逮捕的处理

对于公安机关提请批准逮捕的案件,人民检察院侦查监督部门经过审查,应当依法作出批准逮捕或者不批准逮捕的决定。对于省级以下(不含省级)人民检察院直接受理立案侦查的案件,报请上一级人民检察院审查逮捕的,上一级人民检察院侦查监督部门经过审查,应当依法作出逮捕或者不予逮捕的决定。最高人民检察院、省级人民检察院直接受理立案侦查的案件,侦查部门移送审查逮捕的,侦查监督部门应当依法作出逮捕或者不予逮捕的决定。综合起来,审查逮捕的处理实际上可以分为两大类:对于符合逮捕条件的,应当批准或决定逮捕;对于不符合逮捕条件的,应当不批准或不予逮捕。

一、批准或决定逮捕

(一)批准或决定逮捕的情形

根据新刑事诉讼法第79条、《刑诉规则》第139条、第140条、第141条的规定,批准或者决定逮捕的情形可以分为一般逮捕、直捕、转捕三种情况。所谓"一般逮捕",是指没有特殊情形,对于有证据证明有犯罪事实,可能判处徒刑以上刑罚的犯罪嫌疑人,应当就对其采取取保候审是否足以防止发生危险性予以审查,对采取取保候审不足以防止发生危险性的,应当批准或决定逮捕。所谓"直捕"是指,对有证据证明有犯罪事实,可能判处10年有期徒刑以上刑罚的犯罪嫌疑人,和有证据证明有犯罪事实,可能判处徒刑以上刑罚,曾经故意犯罪或者身份不明的犯罪嫌疑人,无须进一步考虑取保候审是否足以防止发生危险性的问题,一律应当直接批准或决定逮捕。所谓"转捕"是指,对于被取保候审、监视居住的犯罪嫌疑人、被告人违反取保候审、监视居住规定,情节严重的,可以转为逮捕。

1. 一般逮捕

"一般逮捕"是指,对有证据证明有犯罪事实,可能判处徒刑以上刑罚的犯罪嫌疑人、被告人,采取取保候审尚不足以防止发生危险性的,应当批准或决定逮捕。一般逮捕需符合三个条件:一为有证据证明有犯罪事实;二为可能判处徒刑以上刑罚;三为采取取保候审不足以防止发生危险性。

(1) 有证据证明有犯罪事实

根据《刑诉规则》第139条第2款的规定,"有证据证明有犯罪事实"是指同时具备下列情形:有证据证明发生了犯罪事实;有证据证明该犯罪事实是犯罪嫌疑人实施的;证明犯罪嫌疑人实施犯罪行为的证据已经查证属实的。犯罪事实既可以是单一犯罪行为的事实,也可以是数个犯罪行为中任何一个犯罪行为的事实。

然而,值得指出的是,1996年刑事诉讼法修改时,将逮捕条件中的证明标准由原来的"主要犯罪事实已经查清"改为了"有证据证明有犯罪事实",2012年刑事诉讼法修改保留了"有证据证明有犯罪事实"的表述。与"主要犯罪事实已经查清"相比,"有证据证明有犯罪事实"显然意在降低逮捕阶段的证明标准,因为此时案件尚在侦查中,在证明标准方面作过高要求不符合诉讼规律与现实。但是,《刑诉规则》第139条第2款将"有证据证明有犯罪事实"解释为"证明犯罪嫌疑人实施犯罪行为的证据已经查证属实",实际上还是要求逮捕要达到能够确定犯罪嫌疑人实施了犯罪行为的程度,这仍然是不符合诉讼规律与现实的。

也正因为如此,检察实践中出现了"附条件逮捕"制度。附条件逮捕,是指检察机关在审查逮捕过程中,对于证据有所欠缺但已基本构成犯罪,认为经过进一步侦查能够取得定罪所需的证据,确有逮捕必要的重大案件的犯罪嫌疑人,经过检察长批准或者检察委员会讨论决定予以批准逮捕,并要求侦查机关进一步补充证据材料的一种强制措施。可以适用附条件逮捕的案件是指同时具有下列情形的案件:现有证据所证明的事实已经基本构成犯罪;根据现有事实、证据及侦查潜力分析判断,经过进一步侦查能够收集到定罪所必需的证据；属于重大案件；犯罪嫌疑人确有逮捕必要。现有证据所证明的事实已经基本构成犯罪是指同时具备下列情形：虽然证明全部犯罪构成要件的证据尚不齐全，但依据现有证据，犯罪事实基本能够认定；有证据证明该犯罪事实是犯罪嫌疑人实施的；已经收集、固定的证据能够相互印证。

事实上，"附条件逮捕"制度的出现，就是因为检察机关先对刑事诉讼法所规定的"有证据证明有犯罪事实"作出了过于严格的解释，而后又发现根据这样严格的条件，大量需要逮捕的案件都无法逮捕，可能造成严重后果，因此只好又设计出一个"附条件逮捕"来。

我们认为，"有证据证明有犯罪事实"当然不是指只要有证据证明犯罪嫌疑人实施了犯罪行为，无论该证据的可信度有多高，都可以批准或决定逮捕犯罪嫌疑人；但也不是指，只有当根据现有证据已经能够确定犯罪嫌疑人实施了犯罪行为（要求"证明犯罪嫌疑人实施犯罪行为的证据已经查证属实"实际上就是要求"根据现有证据已经能够确定犯罪嫌疑人实施了犯罪行为"）时，才能批准或决定逮捕。到底能否批准或决定逮捕，归根结底，还是个盖然性的问题。由于逮捕是一种较长时间剥夺犯罪嫌疑人人身自由的高强度的强制措施，因此当然要能达到较高的盖然性，才能批准或决定逮捕。从1996年刑事诉讼法修改将"主要犯罪事实已经查清"改为"有证据证明有犯罪事实"的立法原意、诉讼的现实规律和近年来试行附条件逮捕所取得的经验来看，批准或决定逮捕所需要达到的证据标准应当是，有罪证据比无罪证据具有足够的优势以至于将来判决有罪的可能性远远大于判决无罪的可能性。这样的把握才是符合诉讼规律和符合现实的，同时也并不违反刑事诉讼法第79条的规定。

实际上，附条件逮捕所要求的"现有证据所证明的事实已经基本构成犯罪，认为经过进一步侦查能够收集到定罪所必需的证据"就是指"有罪证据比无罪证据具有足够的优势以至于将来判决有罪的可能性远远大于判决无罪的可能性"，但是后者是从证据的证明程度来描述，证据能够达到何种证明程度就是一个证明标准的问题；前者则是从"基本构成犯罪"这样的事实判断角度来描述的，而构不构成犯罪是一个实体问题，用它来表述证明标准是不合适的。当然，鉴于目前司法解释与检察实践的现状，最终在相关书面文书中陈述逮捕或不捕的证据理由时只能作相应的变通表述，这是目前现实情况下的无奈之举，也是司法实践中普遍存在的现状。

此外，附条件逮捕只能适用于重大案件，那么，我们是否也应当将案件划分为两大类，一般案件要求必须根据现有证据能够确定犯罪嫌疑人有罪才能批准或决定逮捕；而重大案件只要达到有罪证据具有足够优势就可以批准或决定逮捕呢？我们认为，这样做是不合理和没有必要的。首先，对于不需要判处徒刑以上刑罚的轻罪案件，本身就不应当批准或决定逮捕，而无论其证据如何。其次，对于什么案件属于重大案件，并无统一标准，可衡量的因素很多。假定把重大案件界定为可能判处 10 年有期徒刑以上刑罚的案件，那么对可能判处徒刑以上刑罚而不需判处 10 年有期徒刑以上刑罚的一般案件，如果有罪证据已经达到了足够优势，将来判决有罪的可能性远远大于判决无罪的可能性，并且取保候审不足以防止发生危险性的，就仅因为案件尚处于侦查阶段，还没能收集到能够确定犯罪嫌疑人有罪的证据，就不能对其批准或决定逮捕，而导致发生妨害诉讼正常进行的行为，使犯罪分子逍遥法外甚至造成更严重的后果，这也是不合适的。最后，对一般案件的不捕完全可以通过提高必要性标准来实现，而不必通过提高证明标准来实现，因为案件的轻重直接关系到犯罪嫌疑人实施妨害诉讼等行为的可能性。不为逮捕设置过高的证明标准，但要严把必要性标准，这也是世界各主要法治国家的共同做法，其合理性是为世界各法治国家的司法实践所证明了的。

再者，附条件逮捕因尚无法确定犯罪嫌疑人有罪，因此需采取三项保障措施：一是应向侦查机关补充侦查提纲，列明需要查明的事实和需要补充收集、核实的证据，并及时了解补充取证情况；二是批准逮捕后 3 日以内报上一级人民检察院备案；三是侦查机关在逮捕后 2 个月的侦查羁押期限届满时，仍未能收集到定罪所必须的充足证据的，应当撤销批准逮捕决定。而如果我们将所有案件逮捕的证明标准都理解为证据具有足够优势，那么又如何确定哪些案件应适用上述措施，哪些案件不需适用呢？事实上，证明标准只是采取某一法律措施所需达到的最低标准，也就是说，证据具有足够优势就达到了逮捕标准，那么，证据已经确实充分自然也达到了逮捕标准。是否采取必要的保障措施并不取决于证明标准是什么，而取决于案件实际的证据状况，如果尚未充分，当然需要补充侦查，期限届满仍然不够充分的，当然应当撤销逮捕。

(2) 可能（需要）判处徒刑以上刑罚

"可能判处徒刑以上刑罚"，是指根据具体犯罪的性质、情节的轻重、有无应当或可以从轻、减轻、免除处罚的情节等多方面因素综合予以判断是否可能判处徒刑以上刑罚，而不是指单纯依据法定刑中有无徒刑以上刑罚来判断。由于我国刑法几乎为所有犯罪都规定了有期徒刑的法定刑，因此，如果只要法定刑中有有期徒刑的，就认为属于"可能判处徒刑以上刑罚"，那么这一条件本身也就失去了意义。实践中，对这一条件作"需要判处徒刑以上刑罚"理解可能更为准确，对于不需要判处徒刑以上刑罚的，实际上也就是"可能判处管制、拘役或者独立适用附加刑的"，不应批准或决定逮捕，而应当取保候审。

(3) 采取取保候审不足以防止危险性

这一条是逮捕的必要性条件。新刑事诉讼法对采取取保候审尚不足以防止哪些危险性方属有逮捕必要，作了明确规定。《刑诉规则》第 139 条第 1 款则对这些危险性予以了进一步的细化解释：第一，可能实施新的犯罪的，即犯罪嫌疑人多次作案、连续作案、流窜作案，其主观恶性、犯罪习性表明其可能实施新的犯罪，以及有一定证据证明犯罪嫌疑人已经开始策划、预备实施犯罪的；第二，有危害国家安全、公共安全或者社会秩序的现实危险的，即有一定证据证明或者有迹象表明犯罪嫌疑人在案发前或者案发后正在积极策划、组织或者预备实施危害国家安全、公共安全或者社会秩序的重大违法犯罪行为的；第三，可能毁灭、伪造证据，干扰证人作证或者串供的，即有一定证据证明或者有迹象表明犯罪嫌疑人在归案前或者归案后已经着手实施或者企图实施毁灭、伪造证据，干扰证人作证或者串供行为的；第四，可能对被害人、举报人、控告人实施打击报复的，即有一定证据证明或者有迹象表明犯罪嫌疑人可能对被害人、举报人、控告人实施打击报复的；第五，企图自杀或者逃跑的，即犯罪嫌疑人归案前或者归案后曾经自杀，或者有一定证据证明或者有迹象表明犯罪嫌疑人试图自杀或逃跑的。

在审查逮捕实践中，对逮捕的必要性条件要较过去做更为严格的把握。如上文所述，在审查逮捕阶段，对逮捕的证据条件不可能做过高要求，因此审查逮捕阶段确实可能会存在将没有犯罪事实的人予以羁押的风险，这种风险实际上无法通过提高逮捕阶段的证明标准来直接予以降低，因此就只有通过严格把握必要性条件来间接予以降低。

2. 直捕

"直捕"是指，对具有特殊情形的犯罪嫌疑人，不必考虑取保候审能否防止危险性的问题，而应一律直接批准或决定逮捕。

具体包括两种情形：其一，有证据证明有犯罪事实，可能判处10年有期徒刑以上刑罚的；其二，有证据证明有犯罪事实，可能判处徒刑以上刑罚，曾经故意犯罪或者身份不明的。值得指出的是，是否可能判处10年有期徒刑以上刑罚，也要根据犯罪的性质、情节的轻重、有无应当或可以从轻、减轻、免除处罚的情形等综合予以判断，而不能对有证据证明实施了法定刑为10年有期徒刑以上刑罚的犯罪行为的犯罪嫌疑人，一概批准或决定逮捕。

3. 转捕

"转捕"是指，对于被取保候审、监视居住的犯罪嫌疑人、被告人违反取保候审、监视居住规定，情节严重的，可以批准或决定逮捕。

值得指出的是，根据刑事诉讼法第79条第3款的规定，对于被取保候审、监视居住的犯罪嫌疑人、被告人违反取保候审、监视居住规定，即便情节严重，也是"可以"而非"应当"批准或决定逮捕。这是因为违反取保候审、监视居住规定的原因有很多，即便情节严重，也不一定就都有逮捕的必要。因此，对于此种情况，其实还是要根据"一般逮捕"中的必要性条件去进一步判断有无逮捕必要，从而才能对是否应当批准或决定逮捕作出判断。

《刑诉规则》第100条、第121条分别列举了犯罪嫌疑人违反取保候审、监视居住规定而"应当"予以逮捕和"可以"予以逮捕的不同情形。这是因为，属于"应当"予以逮捕情形的已明显符合"一般逮捕"中的必要性条件，属于有逮捕必要的，因此当然应当批准或决定逮捕。属于"可以"予以逮捕情形的，则仍需进一步判断是否符合"一般逮捕"中的必要性条件、有无逮捕必要，以决定究竟是否批准或决定逮捕。具体而言，根据《刑诉规则》第100条的规定，犯罪嫌疑人有下列违反取保候审规定的行为，人民检察院应当对犯罪嫌疑人予以逮捕：故意实施新的犯罪的；企图自杀、逃跑，逃避侦查、审查起诉的；实施毁灭、伪造证据，串供或者干扰证人作证，足以影响侦查、审查起诉工作正常进行的；对被害人、证人、举报人、控告人及其他人员实施打击报复的。犯罪嫌疑人有下列违反取保候审规定的行为，人民检察院可以对犯罪嫌疑人予以逮捕：未经批准，擅自离开所居住的市、县，造成严重后果，或者两次未经批准，擅自离开所居住的市、县的；经传讯不到案，造成严重后果，或者经两次传讯不到案的；住址、工作单位和联系方式发生变动，未在24小时以内向公安机关报告，造成严重后果的；违反规定进入特定场所、与特定人员会见或者通信、从事特定活动，严重妨碍诉讼程序正常进行的。根据《刑诉规则》第121条的规定，犯罪嫌疑人有下列违反监视居住规定的行为，人民检察院应当对犯罪嫌疑人予以逮捕：故意实施新的犯罪行为的；企图自杀、逃跑，逃避侦查、审查起诉的；实施毁灭、伪造证据或者串供、干扰证人作证行为，足以影响侦查、审查起诉工作正常进行的；对被害人、证人、举报人、控告人及其他人员实施打击报复的。犯罪嫌疑人有下列违反监视居住规定的行为，人民检察院可以对犯罪嫌疑人予以逮捕：未经批准，擅自离开执行监视居住的处所，造成严重后果，或者两次未经批准，擅自离开执行监视居住的处所的；未经批准，擅自会见他人或者通信，造成严重后果，或者两次未经批准，擅自会见他人或者通信的；经传讯不到案，造成严重后果，或者经两次传讯不到案的。

（二）批准或决定逮捕的说理工作

对逮捕条件及审查逮捕程序的修改与完善有一个明显的意图，就是要限制逮捕的适用，因此，在新刑事诉讼法实施之后，我们应采取各种配套措施与方法来确保逮捕条件被严格的把握，其中的一个办法就是强化逮捕说理工作。

过去，检察机关更注重对不批准或不予逮捕的说理工作，目的是使侦查机关（部门）接受不批准或不予逮捕决定，避免不必要的复议、复核、报请复查程序，同时也可以安抚被害人一方的情绪、化解社会矛盾。应当说，在对审查逮捕决定的救济方面，我们对不批准逮捕决定、不予逮捕决定的救济远比对批准逮捕决定、逮捕决定的救济周延，这依然反映了我们重惩罚犯罪、轻人权保障的根深蒂固的传统观念。而恰恰是因为我们为不批准或不予逮捕决定设计了周延的救济途径，因此，为了避免启动不必要的救济，检察机关非常强调对不批准或不予逮捕的说理。相反，由于我们没有为批准逮捕决定或逮捕决定设计那么周延的救济途径，因此也就无需说理。这对犯罪嫌疑人的处境而言可以说是雪上加霜。因此，为实现刑事诉讼法修改限制逮捕适用、降低逮捕率的立法意图，检察机关侦查监督部门在今后的工作中要着重强化批准或决定逮捕的说理工作，尤其是对逮捕必要性的说明。也就是说，批准或决定在相当长一段时间内暂时剥夺某人的自由，必须要有足够的理由，尤其是在新刑事诉讼法完善了逮捕必要性条件之后，要批准或决定逮捕某人，必须要充分地说明为什么必须对他予以逮捕，为什么认为取保候审不足以防止发生危险性。刑事案件中所蕴含的社会矛盾，不只是被害人与犯罪嫌疑人之间的矛盾,还包括公安司法机关与犯罪嫌疑人、被告人之间,甚至是与怀疑公安司法机关滥用权力的普通公众之间的矛盾。对批准或决定逮捕的理由的详细阐述不仅可以促使承办人员更加严格地把握逮捕条件,也是化解社会矛盾的重要手段。

二、不批准或不予逮捕

(一) 不批准或不予逮捕的情形

根据新刑事诉讼法第79条和《刑诉规则》第143条、第144条的规定,不批准或不予逮捕又可以分为应当不批准或不予逮捕和可以不批准或不予逮捕两种情形:

1. 应当不批准或不予逮捕

根据《刑诉规则》第143条的规定,不符合刑事诉讼法规定的逮捕条件或不需要追究刑事责任的,应当作出不批准或者不予逮捕的决定。具体又可以分为不构罪不捕、(有罪)证据无足够优势不捕、不追究刑事责任不捕、不会或不需判处有期徒刑以上刑罚不捕和无逮捕必要不捕五种情形。

(1) 不构罪不捕

刑事诉讼法第79条规定的逮捕条件之一为有证据证明有犯罪事实,因此,如果根据现有证据认为犯罪嫌疑人没有实施犯罪行为的,应当作出不批准逮捕或者不予逮捕的决定。

常见的没有犯罪事实而被提请批准逮捕的情形包括:犯罪嫌疑人的行为有社会危害性,但是没有被法律明文规定为犯罪的;犯罪嫌疑人的行为有社会危害性,但是未达到追诉标准的;依照刑法第17条关于刑事责任年龄、第18条关于刑事责任能力的规定不负刑事责任的;属于刑法规定的不可抗力、正当防卫、紧急避险等不负刑事责任的情形的;情节显著轻微、危害不大,不认为是犯罪的。

【案例一】 对现有证据能够证明犯罪嫌疑人没有实施犯罪行为的，应当不批准或者不予逮捕

华某故意杀人案

公安机关认定的基本案情：

2009年6月11日，犯罪嫌疑人华某因与母亲话不投机，发生争吵，随后将其母亲推倒在沙发上用双手掐死。

审查逮捕情况：

人民检察院经审查认为，根据现有证据能够排除华某的犯罪嫌疑，也即能够作出犯罪非华某所为的结论，因此作出了不批准逮捕的决定。其具体理由为：犯罪嫌疑人华某的多次供述均不承认杀人；35份证言都只是结合犯罪嫌疑人日常行为提出的怀疑、猜测；现场勘验笔录显示在中心现场地面上用静电吸附仪提取了3枚不完整的鞋印，而足迹鉴定报告对现场足迹与华某足迹特征予以比对的结论是不一致；尸体检验报告证明被害人系被他人外力作用于颈部导致机械性窒息死亡，死亡时间为最后一餐2小时左右，而书证证明犯罪嫌疑人案发时不在当地，没有作案时间。

【案例评析】

本案中，人民检察院通过对证据的综合审查判断，得出犯罪嫌疑人没有实施犯罪行为的结论，这种情况当然不能批准逮捕，人民检察院作出不批准逮捕的决定是正确的。

【案例二】对刑法没有明文规定为犯罪行为的，应当不批准或者不予逮捕

李某猥亵儿童案

公安机关认定的基本案情：

犯罪嫌疑人李某系某校领导，于 2010 年 3 月至 6 月期间，多次利用职务之便，趁让本校初二年级男生小牛（15 周岁）到其办公室打扫卫生之机，令小牛脱掉裤子，抚摸其生殖器，并用大头针扎小牛的屁股。放暑假后，李某因其他原因被撤职，小牛告诉父母实情。李某被抓。

审查逮捕情况：

检察机关经审查认为，本案证据能够相互印证犯罪嫌疑人李某强制猥亵小牛的事实。但是，根据刑法罪刑法定的原则，法律没有明文规定为犯罪行为的，不得定罪处罚。刑法规定的猥亵儿童罪的犯罪对象是不满 14 周岁的儿童，而本案中，被害人小牛在案发时的年龄为 15 周岁，因此对李某的行为不能以犯罪论，遂作出了不批准逮捕的决定。

【案例评析】

刑法第 3 条规定："法律明文规定为犯罪行为的，依照法律规定定罪处罚；法律没有明文规定为犯罪行为的，不得定罪处罚。"罪刑法定原则要求罪和刑都必须是法律明确规定的。对某种行为是否构成犯罪和应当处以何种刑罚，不仅仅是看该种行为有什么样的社会危害后果以及社会危害后果是否严重，关键是要看法律是否明文规定该种行为构成犯罪，即行为人的行为是否构成法定的犯罪构成要件。某种行为即便有一定的社会危害后果，甚至是严重的社会危害后果，只要刑法没有明确将其规定为犯罪行为，那么就不能认为这种行为是犯罪行为。而对于其行为不构成犯罪，也即没有犯罪事实的犯罪嫌疑人，是不能逮捕的，也不能追究刑事责任，只能予以其他处理。本案中人民检察院的做法是正确的，从整体和长远来

看,有利于依法治国和人权保障的实现。

【案例三】对未达刑事责任年龄的犯罪嫌疑人,应当不批准或者不予逮捕

陆某抢劫案

公安机关认定的基本案情:

犯罪嫌疑人陆某,1997年12月1日生。2010年12月13日至12月底期间,陆某纠集已经初中毕业的冯某、胡某,到高速路停车带上拦车抢劫。共抢劫3次,抢劫金额1万多元。

审查逮捕情况:

人民检察院经审查,发现陆某在作案时不满14周岁,未达到刑事责任年龄,依法不需要承担刑事责任,因此作出了不批准逮捕的决定。

【案例评析】

根据刑法第17条的规定,如果行为人没有达到法定的刑事责任年龄,即便其实施了刑法禁止的行为,也不构成犯罪。具体而言,不满14周岁的人,实施了任何刑法禁止的行为均不承担刑事责任;已满14周岁不满16周岁的人,除犯故意杀人、故意伤害致人重伤或者死亡、强奸、抢劫、贩卖毒品、放火、爆炸、投放危险物质罪以外,也不承担刑事责任;已满16周岁的人,即便是尚未满18周岁的未成年人,实施了任何刑法禁止的行为,均须承担刑事责任。审查逮捕时,对于未成年人犯罪,要注意对其年龄的审查,对不负刑事责任的未成年人,只能作出不批准逮捕的决定。本案中人民检察院的做法是正确的。

【案例四】对属于刑法规定的不可抗力、正当防卫、紧急避险等不负刑事责任情形的，应当不批准或者不予逮捕

张甲故意伤害案

公安机关认定的基本案情：

张某的次子张乙，平时经常因琐事滋事生非，无端打骂张某。一日，张乙与其妻发生争吵，张某过来劝说。张乙转而辱骂张某并将其踢倒在地，还掏出身上的水果刀欲刺张某，张某起身逃跑，张乙随后紧追。张某的长子张甲见状，随手从门口拿起扁担朝张乙的颈部打了一下，将张乙打昏在地，致张乙轻伤。

审查逮捕情况：

人民检察院经审查认为，犯罪嫌疑人张甲虽然有伤害张乙的事实，但其目的是为了使父亲免受张乙的伤害，其所采取的行为并未超过必要的限度，属于刑法规定的正当防卫。因此，决定不批准逮捕犯罪嫌疑人张甲。

【案例评析】

刑法第20条规定："为了使国家、公共利益、本人或者他人的人身、财产和其他权利免受正在进行的不法侵害，而采取的制止不法侵害的行为，对不法侵害人造成损害的，属于正当防卫，不负刑事责任。正当防卫明显超过必要限度造成重大损害的，应当负刑事责任，但是应当减轻或者免除处罚。对正在进行行凶、杀人、抢劫、强奸、绑架以及其他严重危害人身安全的暴力犯罪，采取防卫行为，造成不法侵害人伤亡的，不属于防卫过当，不负刑事责任。"本案中，张乙正在行凶，况且张甲的行为仅造成张乙轻伤，因此，张甲的行为属于正当防卫，不负刑事责任。人民检察院不批准逮捕的决定是正确的。

【案例五】 对于情节显著轻微、危害不大，不认为是犯罪的，应当不批准或者不予逮捕

李某盗窃案

公安机关认定的基本案情：

犯罪嫌疑人李某，在返乡途中全年工资被盗，因无力购买年货，便偷取同车人的手机一部，变卖给路人甲后得500元。后因该手机与另一手机号捆绑而案发。经鉴定，该手机价值950元。

审查逮捕情况：

检察机关经审查，认为根据本省关于盗窃"数额较大"的具体数额的规定，个人盗窃公私财物"数额较大"以1000元为起点。本案中，李某盗窃价值950元，该行为符合情节显著轻微、危害不大，不认为是犯罪的情况，作出了不批准逮捕的决定。

【案例评析】

情节显著轻微，危害不大，不认为是犯罪的，实际上就是没有犯罪事实，当然不应当批准逮捕。本案中人民检察院不批准逮捕是正确的。

（2）（有罪）证据无足够优势不捕

新刑事诉讼法第79条规定的逮捕条件之一为有证据证明有犯罪事实，因此，如果没有证据证明有犯罪事实或犯罪事实系犯罪嫌疑人所为，那么当然应当作出不批准或者不予逮捕的决定。

但更多的情况是，虽然有证据证明但却无法确定犯罪事实系犯罪嫌疑人所为，此种情况下，应如何处理？如果严格按照《刑诉规则》第139条第2款的规定，必须证明犯罪嫌疑人实施犯罪行为的证据已经查证属实，实际上也就是说，必须要根据现有证据能够确定犯罪嫌疑人实施了犯罪行为，才属于"有证据证明有犯罪事实"，那么，凡是无法确定犯罪嫌疑人实施了犯罪事实的，均只能不批准或不予逮捕。这实际上等于又回到了1996年刑事诉讼法修改之前须"主要犯罪事实已经查清"方能予以逮捕的情形，未免

矫枉过正,也不符合现实。检察实践中之所以出现了"附条件逮捕"的制度,也是因为对"有证据证明有犯罪事实"作如此严格的理解不合乎实际。

诚如前文所述,"有证据证明有犯罪事实"既不是指只要有证据证明有犯罪事实,无论其可信度如何,都可以逮捕,也不是指只有确定犯罪嫌疑人实施了犯罪行为,才能予以逮捕,其归根结底还是要落在盖然性的问题上。由于逮捕是一种较长时间剥夺犯罪嫌疑人人身自由的高强度的强制措施,因此,只有有罪证据比无罪证据具有足够的优势以至于将来判决有罪的可能性远远大于判决无罪的可能性时,才能批准或决定逮捕。这样的把握才是符合诉讼规律和符合现实的,同时也符合刑事诉讼法第79条的规定。相反,凡是有罪证据不具有足够的优势,将来判决有罪的可能性并非远远大于判决无罪的可能性,或者说不具有定罪的现实可能性的,则应当不批准或不予逮捕。

【案例一】 没有证据证明有犯罪事实的,应当不批准或者不予逮捕

剌某某盗窃案

公安机关认定的基本案情:

犯罪嫌疑人剌某某,小名"贝贝",1993年10月6日出生,男,汉族,小学文化。2009年10月的一天下午(具体时间无法查证),犯罪嫌疑人剌某某坐公交路过昌盛公司时,看到车棚处停放着一辆黑红色的女式摩托车,下车后将摩托车盗走。行到沙堡村桥洞时,该车熄火,剌某某打电话叫来李某某骑摩托车将该车拽回东大期村内。后没过几天剌某某就将该车卖了。经价格认证中心价格评估被盗摩托车价值人民币2700元。

审查逮捕情况:

人民检察院经审查发现,犯罪嫌疑人剌某某出生日期为1993

年10月6日,而其盗窃时间为2009年10月的一天,对于究竟为哪一天,是10月6日之前还是之后,犯罪嫌疑人供述和被害人陈述均称不记得了,公安机关通过其他渠道也未能查明。根据刑法第17条的规定,不满16周岁的人实施盗窃的,不承担刑事责任。根据最高人民法院《关于人民法院审判严重刑事犯罪案件中具体应用法律的若干问题的答复(三)》的规定,刑法所规定的年龄,是指实足年龄,实足年龄以日计算并且按公历的年、月、日计算(参见)。本案中,所涉嫌的罪名是盗窃犯罪,犯罪嫌疑人出生日期为1993年10月6日,如果盗窃行为是在2009年10月6日以前或者当天实施的,那么其盗窃摩托车的行为就不能认定为犯罪。现没有证据证明犯罪嫌疑人剌某某是在10月6日以前或当天实施的盗窃,也即没有证据能证明有犯罪事实,因此检察机关作出了不予批准逮捕的决定。

【案例评析】

本案中,没有证据能够证明剌某某实施盗窃时已满16周岁,实际上属于没有证据证明有犯罪事实的情况,不符合逮捕条件,应当作出不批准逮捕的决定。此外,从对未成年人犯罪要严格限制逮捕适用的角度,也不应当批准逮捕。

【案例二】有罪证据无足够优势时,应当不批准或者不予逮捕

宋某某故意伤害案

公安机关认定的基本案情:

犯罪嫌疑人宋某某,男,汉族,1951年9月17日生,农民,现住义安镇任家堡。

2011年5月31日14时30分许,在义安镇任家堡村大棚区,村民任某与本村宋某某因为行路问题发生争执,争执中双方发生厮打,任某被宋某某用铁锹铲伤右手中指,2011年8月31日经介休

市公安局刑事技术室鉴定任某右手中指损伤为轻伤。

审查逮捕情况：

公安机关依据以下证据以故意伤害罪提请批准逮捕犯罪嫌疑人宋某某：（1）犯罪嫌疑人的供述。5次笔录均否认用铁锹铲伤任某的事实。（2）被害人陈述。陈述自己的手被宋某某铲伤的情况。（3）证人证言。受害人父亲的证言与被害人的陈述能够相互吻合、相互印证；另外一份证人证言证明只是看到任某的右手指头流着血，不知是如何造成的。（4）书证、物证。包括被害人的报案材料1份；犯罪嫌疑人宋某某正侧面照片3张；任某伤情照片2张；扣押的作案工具照片3张；市公安局扣押物品、文件清单1份；铁锹1把；万户堡卫生院诊断建议书1份，证明任某右中指背侧外伤0.5cm×0.5cm×4cm，清创缝合五针；市人民医院诊断证明书1份，证明任某右手中指外伤3月余，现还肿胀，活动受限。（5）鉴定结论。市公安局法医学人体损伤程度鉴定书证明：任某2011年5月31日外伤史明确。就诊时查体示右中指第一指内侧外伤，伤口约2.5cm×0.5cm×0.5cm，边缘整齐。结合本次查体所示认为伤者右手中指皮裂伤、关节挫伤诊断成立，遗留右中指侧束损伤，伸展受限。综上所述依照《人体轻伤鉴定标准（试行）》第21条、第23条第3项之规定：任某右手中指损伤评定为轻伤。

人民检察院侦查监督部门通过对上述证据的审查认为，本案被害人所陈述的事实有部分证人证言证明，但犯罪嫌疑人宋某某否认任某的损伤后果与其存在直接关系。关于被害人任某右手中指损伤到底是如何造成的，是故意铲伤的，还是在厮打过程中碰伤的，难以确定。鉴定结论所引用的是万户堡卫生院诊断建议书复印件，该建议书诊断为："右中指背侧外伤0.5cm×0.5cm×4cm，清创缝合五针"。而鉴定结论的论证部分中载明："右中指第一指内侧外伤"，到底是背侧外伤还是内侧外伤存在记载矛盾。另外，鉴定结论对于损伤的致伤原因是钝器致伤还是锐器致伤抑或能否判断就是铁锹致伤未作说明。鉴定结论所依照的是《人体轻伤鉴定标准（试行）》第21条，但在万户堡卫生院初次诊断中未提及神经、血管、肌腱问题，且鉴定是在3个月以后进行的，因此该鉴定结论中的损伤是否是初次诊断时的伤所造成的，在这之间是否存在其他原因导致损伤，均无法确定。基于以上原因，人民检察院最终作出了不批准逮捕的决定。

【案例评析】

根据刑法第234条的规定，故意伤害罪的犯罪构成在主观上必须有伤害的故意，即明知行为可能发生伤害的后果而希望或放任这种后果的发生，客观方面则必须是非法伤害他人身体并造成了轻伤以上的损伤。故意伤害与一般殴打的区别在于，一般殴打行为只是给他人造成暂时性的肉体疼痛或使他人神经受到轻微刺激，但没有破坏他人人体组织的完整性和人体器官的正常机能，故不构成犯罪。有些殴打行为表面上给他人身体造成了一定损害，但显著轻微，即按《人体轻伤鉴定标准》不构成轻伤的，不能以故意伤害罪论处。本案中，虽有证据证明双方有厮打行为，但能够证明宋某某故意伤害任某并导致其轻伤的证据不具有足够的优势，也即达不到将来判决有罪的可能性远远大于判决无罪的可能性的程度。综上，人民检察院作出不批准逮捕的决定是正确的。

【案例三】有罪证据无足够优势时，应当不批准或者不予逮捕

宋某某强奸案

公安机关认定的基本案情：

2011年10月23日下午，犯罪嫌疑人宋某某电话联系经人介绍认识的花某，约其下班后直接到其经营的车行见面。双方如约见面后，宋某某"强行"与花某发生了性关系。花某电话联系其哥哥和嫂子以及介绍人，分别告知自己被强奸之事，后因协商未果，花某的嫂子报案。

审查逮捕情况：

公安机关提请批准逮捕所依据的证据如下：一是犯罪嫌疑人供述。两次供述基本一致。宋某某供述了与花某从相识到约会再到搂抱、挑逗直至强行发生性关系的过程及案发后的情况。二是被害人陈述。被害人第一次陈述犯罪嫌疑人不顾其反抗，强行与其发生关系，并将其上衣扯烂，裤子上的扣子拽掉；第二次陈述其与宋某某是自愿发生性关系，一时冲动才报的案，今后还要继续发展下去，请求公安、检察机关释放其男朋友宋某某。两份材料之间出现重大矛盾，影响案件的定性。三是证人证言。分别证明被害人于案发后给他们打电话声称其被强奸的事实，以及他们与犯罪嫌疑人协商解决未果时报警的事实。四是物证、书证。包现场照片、被害人身体受伤部位照片、被扯坏的衣服照片以及手机短信照片，分别证明犯罪嫌疑人与被害人发生性关系的现场情况，被害人身体受伤部位，被扯坏的衣服情况以及二人从相识到约会，再到案发后报案的整个经过。犯罪嫌疑人的户籍证明，证明犯罪嫌疑人符合刑事责任年龄。

人民检察院经审查认为，从本案现有证据看，犯罪嫌疑人宋某某与花某发生性关系的事实存在，但花某是自愿与宋某某发生性关系还是被迫发生性关系，被害人的两次陈述前后出现重大矛盾。另外，相关物证（擦拭精液用过的卫生纸以及床单、遗留在现场的纽扣）未提取、比对，对被害人的身体情况没有进行必要的鉴定。在没有其他直接证据，只有犯罪嫌疑人供述的情形下，一旦犯罪嫌疑人翻供，加之被害人的陈述出现重大变化，将直接影响本案罪与非罪的认定。故此认为，本案中，直接证据不能证明犯罪嫌疑人与被害人发生性关系时违背妇女意志，间接证据又没有形成证据链，证据之间存在不可排除的矛盾。故此作出了不批准逮捕的决定。

【案例评析】

本案中，证明犯罪嫌疑人有罪的证据存在重大矛盾，无法达到足够优势，也即无法达到判决有罪的可能性远远大于判决无罪的可能性的程度，因此应当作出不批准逮捕的决定。

(3) 不追究刑事责任不捕

新刑事诉讼法第 79 条所规定的逮捕条件中,从表述上看,并不包含"应追究刑事责任"的条件,因此,《刑诉规则》第 143 条关于不批准或不予逮捕条件的规定中,将具有刑事诉讼法第 15 条规定的不追究刑事责任的情形与不符合刑事诉讼法规定的逮捕条件并列了起来,成为了应当不批准或不予逮捕的两种情形。然而事实上,具有刑事诉讼法第 15 条规定的不追究刑事责任的情形之一的,则必然不符合逮捕条件。其中,情节显著轻微,危害不大,不认为是犯罪的,属于没有犯罪事实的情况,不符合"有证据证明有犯罪事实"的条件;其他几种情形则属于虽然有犯罪事实,但是不应当或不需要追究刑事责任的情况,不应当或不需要追究刑事责任当然也就不可能判处徒刑以上刑罚,因此其事实上不符合"可能判处徒刑以上刑罚"的条件。

此外,告诉才处理的案件,包括侮辱、诽谤案件、暴力干涉他人婚姻自由的案件、虐待案、侵占案,除非侮辱、诽谤他人严重危害社会秩序、国家利益,或者暴力干涉他人婚姻自由引起被害人死亡,或者虐待家庭成员造成重伤、死亡的,否则无论是否告诉,都属于人民法院管辖,公安机关不应当予以立案。对于公安机关就告诉才处理的案件提请批准逮捕犯罪嫌疑人的,应按照立案监督的程序监督其撤销案件,但由于立案监督程序还有一个说明立案理由的环节,需要时间太长,因此,为了保障犯罪嫌疑人的合法权益,应先作出不批准逮捕的决定,使其尽快获释。

【案例一】犯罪已过追诉时效期限的,应当不批准或者不予逮捕

王某盗窃案

公安机关认定的基本案情:
犯罪嫌疑人王某,于 1998 年 10 月 11 日盗窃 3000 元后到广州下海做生意，10年后生意发展迅猛，成为一个公司的大老板，但其对10年前的盗窃一事悔恨交加，最终于2009年1月1日回原籍自首。

审查逮捕情况：

检察机关审查认为，根据刑法第264条的规定，盗窃公私财物，数额较大或者多次盗窃的，处3年以下有期徒刑、拘役或者管制，并处或者单处罚金；数额巨大或者有其他严重情节的，处3年以上10年以下有期徒刑，并处罚金；数额特别巨大或者有其他特别严重情节的，处10年以上有期徒刑或者无期徒刑，并处罚金或者没收财产。本案中，王某盗窃金额为3000元，属于数额较大的，其量刑幅度应为3年以下有期徒刑、拘役或者管制。而根据刑法第87条的规定，犯罪经过下列期限不再追诉：法定最高刑为不满5年有期徒刑的，经过5年；法定最高刑为5年以上不满10年有期徒刑的，经过10年；法定最高刑为10年以上有期徒刑的，经过15年；法定最高刑为无期徒刑、死刑的，经过20年。如果20年后认为必须追诉的，须报请最高人民检察院核准。在人民检察院、公安机关、国家安全机关立案侦查或者在人民法院受理案件以后，逃避侦查或者审判的，不受追诉期限的限制。被害人在追诉期限内提出控告，人民检察院、公安机关应当立案而不予立案的，不受追诉期限的限制。本案中，王某于1998年10月11日盗窃，且公安机关未予立案，被害人未予控告，则该案至2003年10月11日以后，就超过了追诉时效期限，根据刑事诉讼法第15条的规定，不应当再追究刑事责任。因此，检察机关作出了不批准逮捕的决定。

【案例评析】

根据刑事诉讼法第15条的规定，已过追诉时效期限的，不追究刑事责任。原《人民检察院刑事诉讼规则》第89条规定，具有刑事诉讼法第15条规定的情形之一的，人民检察院应当作出不批准逮捕的决定或者不予逮捕。因此，本案中，人民检察院不批准逮捕的决定是正确的。如果严格以刑事诉讼法所规定的逮捕条件为标准，则不追究刑事责任，当然也就不可能判处徒刑以上刑罚，因此不符合逮捕条件,当然不应当批准或决定逮捕。

【案例二】依照刑法告诉才处理的犯罪,应当不批准或者不予逮捕

刁某暴力干涉婚姻自由案

公安机关认定的基本案情:

犯罪嫌疑人刁某,男,60岁,退休前为某工厂厂长。

2008年12月29日,犯罪嫌疑人刁某的儿子刁某军(28岁,某公司营销员)告诉父亲,他找了一个女朋友,叫王某,今年26岁,是大学时的同学,也是他们公司的营销员,家在农村,父亲是农民,母亲是小学老师。刁某听到儿子的话后很生气,表示坚决反对,因为刁某早已给儿子物色好对象,是某高干的女儿,也是某工厂的销售骨干。从12月29日开始,刁某便开始留意刁某军的行动,如果和王某来往,就不让刁某军回家吃饭睡觉。同时找到王某,对其予以威胁、辱骂,不让其再和自己儿子来往。王某羞愤难当,和刁某军商议分手。刁某军一方面面对父亲的压力,另一方面又面临与王某分手的痛苦,回到家中与父亲刁某开始争执,刁某拿起一根木棍对刁某军的头部和背部予以殴打,致使刁某军身上多处受伤。后刁某军投河自杀,被人发现,经过抢救脱险。但是经过这件事后,其父刁某仍然对刁某军的婚事横加干涉。

审查逮捕情况:

人民检察院经审查认为,根据刑法的规定,侮辱罪、诽谤罪、暴力干涉他人婚姻自由罪、虐待罪、侵占罪,都是告诉才处理的犯罪。因侮辱、诽谤他人,严重危害社会秩序、国家利益,或者因暴力干涉他人婚姻自由,引起被害人死亡或者虐待家庭成员造成重伤、死亡的,不属告诉才处理的范围,应当依法追究犯罪人的刑事责任。本案中,刁某虽暴力干涉儿子刁某军的婚姻自由,并导致刁某军自杀,但最终并没有引起刁某军死亡的后果,因此仍属于告诉

才处理的范围。并且，刁某军并没有对其父亲干涉其婚姻自由的行为向公安司法机关予以控告。因此，人民检察院作出了不批准逮捕的决定。

【案例评析】

本案属于告诉才处理的案件，而告诉才处理的案件属于自诉案件，无论是否告诉，都属于人民法院管辖，公安机关不应当予以立案。检察机关应当按照立案监督的程序监督其撤销案件。但由于立案监督程序还有一个说明立案理由的环节，需要时间太长，因此，为了保障犯罪嫌疑人的合法权益，应先作出不批准逮捕的决定，使其尽快获释。本案中人民检察院作出不批准逮捕的决定是正确的，并应进一步监督公安机关撤案。

（4）不会（不需）判处徒刑以上刑罚的不捕

刑事诉讼法第79条规定的逮捕条件之一为可能判处徒刑以上刑罚，因此，对于虽然有犯罪事实，但是不会判处徒刑以上刑罚的，应当作出不批准逮捕或者不予逮捕的决定。

但是，由于我国刑法对几乎所有罪行所规定的法定刑中均含有期徒刑或有期徒刑以上刑罚，因此，如果单从法定刑来看，几乎所有犯罪都属于"可能判处徒刑以上刑罚"的情况，而基本不存在"不可能判处徒刑以上刑罚"的情况。但是，如作仅以法定刑为依据来判断是否可能判处徒刑以上刑罚，那么刑事诉讼法所规定的这一逮捕条件，显然就没有多大意义了。事实上，这一逮捕条件应当是指，综合考虑犯罪的性质、情节的轻重、从轻、减轻、免除处罚的情节等，仍然认为可能判处徒刑以上刑罚的，方可逮捕。诚如前文所述，实践中，对"可能判处徒刑以上刑罚"的条件作"需要判处徒刑以上刑罚"理解可能更为准确，对于不需要判处徒刑以上刑罚的，实际上也就是"可能判处管制、拘役或者独立适用附加刑的"，不应批准或决定逮捕，而应当取保候审。

此外，根据上文的分析，"不追究刑事责任的不捕"实际上也可归入"不会判处有期徒刑以上刑罚的不捕"，鉴于"不追究刑事责任的不捕"在上文中已经单列，这里的"不会（不需）判处徒刑以上刑罚的不捕"专指应当追究刑事责任，但不会（不需）判处徒刑以上刑罚的不捕。也即虽然有犯罪事实，并且应当追究刑事责任，但是因情节较轻或者具有其他应当或可以从轻、减轻、免除处罚的情形而不会（不需）判处徒刑以上刑罚的，应当不批准或者不予逮捕。

【案例一】不可能判处徒刑以上刑罚的，应当不批准或不予逮捕

王某酒驾案

公安机关认定的基本案情：

2011年8月1日，犯罪嫌疑人王某邀请老同学张某、李某、赵某吃晚饭时四人分了两斤酒，每人喝了大概半斤酒。餐后，张某因感觉心脏不舒服需要去医院救治，王某见状便驾驶自己的车往医院送张某，途中恰遇警察查酒驾，经检测，王某血液中的酒精含量超标，构成醉驾。

审查逮捕情况：

人民检察院经审查认为：本案中，王某虽然酒后驾车并符合危险驾驶罪的规定，但是考虑到其是因为老同学张某突发疾病，需要马上送到医院救治才进行的酒后驾驶，其社会危害性较小，且根据《刑法修正案（八）》的规定，危险驾驶罪的量刑标准为拘役，王某可能被判处缓刑或者拘役，而且采取取保候审、监视居住不致再危害社会，无逮捕必要。因此，检察机关决定不批准逮捕犯罪嫌疑人王某。

【案例评析】

2011年5月1日起施行的《刑法修改案（八）》中，在刑法第133条后增加一条，作为第133条之一："在道路上驾驶机动车追逐竞驶，情节恶劣的，或者在道路上醉酒驾驶机动车的，处拘役，并处罚金。"根据此条规定，本案不可能判处徒刑以上刑罚，不符

合刑事诉讼法关于逮捕条件的规定中"可能判处徒刑以上刑罚"的规定,因此应当作出不批准逮捕的决定。本案中,检察机关不批准逮捕犯罪嫌疑人的决定是正确的,但理由部分有偏差。

【案例二】不需要判处徒刑以上刑罚的,应当不批准或者不予逮捕

王某故意伤害案

公安机关认定的基本案情:

2010年6月底,在某村委会院内,犯罪嫌疑人王某的父亲与同村村民李某因村务起了争执,双方各打对方一拳被他人劝阻后,王父气愤之下用手砸碎窗户玻璃以致受伤流血。王某闻讯赶到,以为父亲的伤是李某打的,便用酒瓶、拳头将李某打成轻伤。

审查逮捕情况:

人民检察院经审查发现,犯罪嫌疑人王某尚未满18周岁,系在校学生,平时表现良好。且案发后非常后悔,对李某作了诚恳的道歉和积极的赔偿,并取得了李某的谅解。遂对其作出了不批准逮捕的决定。

【案例评析】

本案中,犯罪嫌疑人具备罪行较轻、为未成年人、积极赔偿、取得被害人谅解等多个应当或可以从轻、减轻处罚的法定情节及酌定情节,实际上属于"不会(需要)判处徒刑以上刑罚不捕"的情形,应当作出不批准逮捕的决定。在"不会(需要)判处徒刑以上刑罚不捕"的理由尚未被广泛应用与接受的情况下,也可以以采取取保候审足以防止发生危险性,也即"无逮捕必要"为由不批准逮捕。

(5)无逮捕必要不捕

根据刑事诉讼法第79条的规定,对于有证据证明有犯罪事实,可能判处徒刑以上刑罚,但不可能判处10年有期徒刑以上刑罚,

并且没有故意犯罪史,身份明确的犯罪嫌疑人(可能判处 10 年有期徒刑以上刑罚或者可能判处有期徒刑以上刑罚,曾经故意犯罪或者身份不明的,一律应当予以逮捕,无须考虑取保候审能否防止危险性的问题),采取取保候审,足以防止发生下列危险性:实施新的犯罪,或者有危害国家安全、公共安全或者社会秩序的现实危险的,或者可能毁灭、伪造证据、干扰证人作证或者串供的,或者可能对被害人、举报人、控告人实施打击报复的,或者企图自杀或者逃跑的,就属于无逮捕必要的情形,应当不批准或者不予逮捕。对取保候审是否足以防止发生上述危险性,应结合案件情况具体问题具体分析。但由于逮捕会在较长时间内剥夺犯罪嫌疑人的自由,且具有一定的误捕可能,因此,对逮捕的必要性条件要从严掌握,尽可能避免不必要的逮捕。这也是刑事诉讼法第 79 条的立法本意。

【案例一】 采取取保候审不致发生危险性的,应当不批准或不予逮捕

高某故意伤害案

公安机关认定的基本案情:

2011 年 3 月 23 日 20 时许,任某怀疑邻居高某将其停放在院门口的汽车踢了一脚,便到高家讲理,与高某父母发生争吵,高某在里屋听到后,从卧室出来,顺手拿起一把手电筒打在任某的头部,任某跑出高家并在院外叫骂,高某在院子里拿起一根铁棍追出院门,任某看到后从车里拿出一把方向盘锁,并用车锁打在高某的头部,高某受伤后用铁棍乱打,击中任某的左耳后部,致任某受伤住院,经鉴定为轻伤。

审查逮捕情况:

人民检察院经审查认为:本案现有证据能够证明犯罪嫌疑人高某故意伤害的犯罪事实,其行为符合刑法第 234 条之规定,涉嫌故意伤害罪。但案发后犯罪嫌疑人主动到公安机关投案,如实供述自

己殴打他人的事实经过,应认定为自首。且犯罪嫌疑人与受害人双方系邻居关系,案发后主动赔偿受害人经济损失,赢得了受害人的谅解,因此从有利于化解社会矛盾的社会效果考虑,结合我国宽严相济的刑事政策,决定不批准逮捕。

【案例评析】

根据本案的具体情况,属于对犯罪嫌疑人取保候审不致发生社会危险性的情况,也即属于"无逮捕必要不捕"的情形,应当作出不批准逮捕的决定。

【案例二】 采取取保候审不致发生危险性的,应当不批准或不予逮捕

杨某故意伤害案

公安机关认定的基本案情:

2011年11月8日14时50分许,冯某在义棠镇政府水利办公室和镇干部商谈工作时,南庄村村民杨某酒后窜进该办公室,二人话不投机发生口角。杨某拿起冯某的水杯喝水时,冯某予以制止,杨某顺手用水杯在冯某的头顶左侧和面部鼻子上砸了两下,致冯某受伤住院。经法医鉴定冯某的损伤程度为轻伤。

审查逮捕情况:

人民检察院经审查认为:本案事实清楚,案情简单,现有证据能够证明犯罪嫌疑人杨某故意伤害他人身体健康且造成他人轻伤结果的行为。但犯罪嫌疑人杨某在作案后,能够主动到公安机关投案自首,并愿意承担赔偿责任,说明其有悔罪表现。同时,杨某又系安益煤业有限公司质监部的工作人员,有固定住所以及固定工作单位,采取取保候审、监视居住不致再危害社会,也不会影响刑事诉讼的顺利进行,因此决定不批准逮捕。

【案例评析】

根据本案的具体情况和犯罪嫌疑人的基本情况,对其采取取保

候审不致发生社会危险性,属于"无逮捕必要不捕"的情形,应当作出不批准逮捕的决定。

2. 可以不批准或不予逮捕

可以不批准或不予逮捕是指,根据《刑诉规则》第144条的规定,对犯罪嫌疑人的罪行较轻,且没有其他重大犯罪嫌疑,又具有该条所规定的六种具体情形(属于预备犯、中止犯,或者防卫过当、避险过当的;主观恶性较小的初犯,共同犯罪中的从犯、胁从犯,犯罪后自首、有立功表现或者积极退赃、赔偿损失、确有悔罪表现的;过失犯罪的犯罪嫌疑人,犯罪后有悔罪表现,有效控制损失或者积极赔偿损失的;犯罪嫌疑人与被害人双方根据刑事诉讼法的有关规定达成和解协议,经审查,认为和解系自愿、合法且已经履行或者提供担保的;犯罪嫌疑人系已满14周岁未满18周岁的未成年人或者在校学生,本人有悔罪表现,其家庭、学校或者所在社区、居民委员会、村民委员会具备监护、帮教条件的;年满75周岁以上的老年人)之一的,可以作出不批准逮捕的决定或者不予逮捕。

值得指出的是,刑事诉讼法已经明确规定了逮捕的条件,这一条件应当是判断应否逮捕犯罪嫌疑人的唯一标准:符合这一条件的,就应当逮捕犯罪嫌疑人;不符合这一条件的,就不应当逮捕犯罪嫌疑人。对于《刑诉规则》第144条所规定的可以作出不批准逮捕的决定或者不予逮捕的情形,最终到底作何决定,还是要以刑事诉讼法所规定的逮捕条件为标准,符合这一条件的,就要作出批准逮捕决定或逮捕决定;不符合这一条件的,就要作出不批准逮捕决定或不予逮捕决定。从《刑诉规则》第144条所规定的具体情形来看,对于具备这些情形的犯罪嫌疑人究竟是否批准或决定逮捕,关键还是要看其是否符合"可能判处徒刑以上刑罚"的条件和"采取取保候审尚不足以防止发生社会危险性"的条件,因此,凡因具有本条规定的情形而不需要判处徒刑以上刑罚的,或者采取取保候审足以防止发生社会危险性的,均属不符合逮捕条件的情形,应当不批准或者不予逮捕;相反,如果虽然具备本条规定的情形,但仍可能判处有期徒刑以上刑罚,并且取保候审不足以防止发生社会危险性的,则属于符合逮捕条件的,应当批准或者决定逮捕。

此外,《刑诉规则》第144条作此规定,容易导致此种理解:只有完全符合本条规定情形的,才属于"可以不批准或不予逮捕的";凡不符合本条规定情形的,均属于"不可以不批准或不予逮捕的",也即均须批准或予以逮捕。这样的理解显然违反新刑事诉讼法第79条的立法原意。

综上所述,无论是对《刑诉规则》第144条所规定的情形还是以外的情形,从根本上来说,还是要判断其是否符合刑事诉讼法第79条所规定的逮捕条件,从而决定是否应当批准或决定逮捕。

【案例一】主观恶性较小的初犯,共同犯罪中的从犯、胁从犯,犯罪后自首、有立功表现或者积极退赃、赔偿损失、确有悔改表现的,可以不批准逮捕

米二某等人故意伤害案

公安机关认定的基本案情:

2011年6月7日,刘某因向米某索债,一直跟随并纠缠米某,称只有把欠款还清才会离开,双方在一家按摩店僵持。米某的弟弟米二某找其朋友俊俊找几个人帮忙,防止刘某将米某带走,俊俊便将此事交给了赵某。赵某纠集和通过他人纠集来张二某、连某某、胡某某等人相继来到按摩店聚集。因米二某与刘某发生冲突,双方动手时喊赵某等人一起动手。赵某便让数名嫌疑人一起打。刘某倒地后,赵某、张二某等一起踢踩刘某,后米二某、赵某等人相继逃离现场。经法医鉴定刘某的损伤程度为轻伤。

审查逮捕情况:

人民检察院经审查认为:本案现有证据能够证明犯罪嫌疑人米二某、赵某、张二某、胡某某、连某某涉嫌故意伤害罪。但鉴于仅

对刘某造成了轻伤,且张二某、胡某某、连某某在作案时系从犯,犯罪后主动投案,构成自首,又对刘某予以了积极的赔偿,取得了刘某的谅解,因此对这三名犯罪嫌疑人作出了不批准逮捕的决定。

【案例评析】

本案中的上述三名犯罪嫌疑人具备罪行较轻、从犯、自首、积极赔偿、取得被害人谅解等多个应当或可以从轻、减轻甚至免除处罚的法定情节及酌定情节,实际上属于"不需要判处徒刑以上刑罚不捕"的情形,应当作出不批准逮捕的决定。并且,根据上述情况显示,对这三名被告采取取保候审足以防止发生危险性,因此也属于"无逮捕必要不捕"的情形,应当作出不批准逮捕的决定。

【案例二】过失犯罪的嫌疑人,犯罪后有悔罪表现,有效控制损失或者积极赔偿的,可以不批准或不予逮捕

薛某交通肇事案

公安机关认定的基本案情:

2011年5月19日15时29分许,犯罪嫌疑人薛某驾小型普通客车沿东厦线由北向南行驶,行驶至谢峪村村口附近时,由于雨天路滑操作不当,撞到路边正在施工的降某,造成降某受伤、车辆损坏的交通事故,后降某经抢救无效死亡。经公安局交警大队事故认定薛某应负此次事故的全部责任。

审查逮捕情况:

人民检察院经审查认为:本案现有证据能够证明犯罪嫌疑人薛某实施了交通肇事的行为,涉嫌交通肇事罪。但此犯罪系过失犯罪,且在案发后,该犯罪嫌疑人能主动投案,并主动赔偿死者家属损失,得到死者家属的谅解,说明其确有悔改表现,社会危害性较小,采取取保候审、监视居住也不会影响诉讼的正常进行。因此,决定以无逮捕必要不予批准逮捕犯罪嫌疑人薛某。

【案例评析】

本案中,薛某系过失犯罪,且犯罪后有悔罪表现,积极赔偿损失,实际上属于采取取保候审足以防止发生危险性的情形,也即属于"无逮捕必要不捕",应当作出不批准逮捕的决定。

【案例三】犯罪嫌疑人的罪行较轻,没有其他重大犯罪嫌疑,且为年满 75 周岁以上的老年人的,可以不批准或不予逮捕

冀某故意伤害案

公安机关认定的基本案情:

犯罪嫌疑人冀某,男,1936 年 10 月 11 日生。

2011 年 10 月 23 日,犯罪嫌疑人冀某因赡养费问题与在同院居住的小儿子冀小三发生争执,双方话不投机,冀小三将冀某推倒在地,冀某扶着房门站起来后,十分气愤,顺手拿起拐杖打向小儿子的头部及左胳膊,致冀小三轻伤。

审查逮捕情况:

人民检察院经审查认为,本案现有证据能够证明犯罪嫌疑人冀某涉嫌故意伤害罪。但是根据户籍证明及证人证言,冀某已经 75 岁高龄,平日的生活起居需要妻子的帮助和照顾,并且患者有高血压、高血糖、心脏病等疾病,身体状况不适宜羁押,因此决定不批准逮捕。

【案例评析】

本案中,无论冀某是否年满 75 周岁,综合考虑案件情况和犯罪嫌疑人基本情况,实际上都属于采取取保候审不致发生危险性的情形,也即属于"无逮捕必要不捕"的情形,应当作出不批准逮捕的决定。

此外,根据新刑事诉讼法第 65 条、《刑诉规则》第 83 条的规定,对于犯罪嫌疑人患有严重疾病、生活不能自理,或者是怀孕或

者正在哺乳自己婴儿的妇女的，采取取保候审不致发生社会危险性的，可以取保候审。规定中使用了"可以"的表述，那么，这是否意味着对于此种情形，可以取保候审，也可以逮捕或继续羁押呢？新刑事诉讼法第79条规定的逮捕条件之一就是"采取取保候审尚不足以防止发生社会危险性"，因此，对于患有严重疾病、生活不能自理，怀孕或者正在哺乳自己婴儿的妇女，如果采取取保候审不致发生社会危险性，就意味着其不符合逮捕条件，不应当逮捕或继续羁押。相反，如果犯罪嫌疑人虽然患有严重疾病、生活不能自理，或者是怀孕或者正在哺乳自己婴儿的妇女，但对其采取取保候审可能导致发生社会危险性的，则符合逮捕条件，应当予以逮捕或继续羁押。

再者，根据新刑事诉讼法第72条和《刑诉规则》第109条的规定，人民检察院对于符合逮捕条件，但具有下列情形之一的犯罪嫌疑人，可以监视居住：（1）患有严重疾病、生活不能自理的；（2）怀孕或者正在哺乳自己婴儿的妇女；（3）系生活不能自理的人的唯一扶养人；（4）因为案件的特殊情况或者办理案件的需要，采取监视居住措施更为适宜的；（5）羁押期限届满，案件尚未办结，需要采取监视居住措施的。这里也采用了"可以"的表述，那么又是否意味着对于这些情形，可以逮捕也可以监视居住呢？与法律关于取保候审条件的规定不同，法律关于监视居住条件的规定首要的前提就是"符合逮捕条件"，也就是说，符合逮捕条件，本来应当逮捕，但由于具备特殊情形，可以不逮捕而予监视居住。因此，对于上述规定中的前四种情形，应当属于可以逮捕也可以监视居住的情形。至于羁押期限届满，案件尚未办结的，则当然不能再继续羁押，需要取保候审的应取保候审，需要监视居住的则应监视居住。

【案例】对于犯罪嫌疑人患有严重疾病、生活不能自理，或者是怀孕或正在哺乳自己婴儿的妇女，采取取保候审不致发生社会危险性的，应当不批准逮捕

李某等人贩毒案

公安机关认定的基本案情：

2009年10月22日，警方根据举报，在锦源大酒店破获一起贩卖毒品案件。将正在进行交易的云南籍犯罪嫌疑人狄某、蔡某和四川籍犯罪嫌疑人李某（女）一同抓获归案。

审查逮捕的情况：

人民检察院经审查发现，现有证据足以证明犯罪嫌疑人狄某、蔡某和李某的行为符合贩卖毒品罪的规定，且可能判处较重的刑罚。但是犯罪嫌疑人李某已经怀孕3个月，且根据相关情况，对其予以取保候审不致发生社会危险性，因此决定不批准逮捕李某。

【案例评析】

对于犯罪嫌疑人患有严重疾病、生活不能自理，或者是怀孕或正在哺乳自己婴儿的妇女，是否批准逮捕，归根结底，还是要看对其予以取保候审能否足以防止发生社会危险性，也即有无逮捕的必要。对于取保候审不致发生社会危险性的，也即无逮捕必要的，"应当"而不是"可以"不批准逮捕。相反，对于取保候审可能发生社会危险性的，则仍应批准逮捕。

（二）不批准或不予逮捕的说理工作

新刑事诉讼法第88条明确规定，对于不批准逮捕的，人民检察院应当说明理由。《刑诉规则》第334条也明确规定，对于省级以下（不含省级）人民检察院报请上一级人民检察院审查逮捕的犯罪嫌疑人，上一级人民检察院决定不予逮捕的，应当书面说明不予逮捕的理由。做好不批准或者不予逮捕的说理工作，可以避免不必要的复议、复核和报请复查程序，节约司法资源，提高司法效率,同时也有利于安抚被害人情绪,化解社会矛盾。

侦查监督部门应当规范不捕说理文书,并应当实行三级审查模式,即先由案件承办人制作不批准逮捕理由说明书,再交由部门负责人审核,最后由分管检察长审查。

【案例一】 无逮捕必要性的不捕说理

李某受贿案

人民检察院侦查部门认定的案情:

2011年6月11日至19日,董坪沟煤焦管理站某班全体人员集体协商私放黑车(票证手续不齐全的运煤车),并收取田某、郑某等人好处费19万余元予以平分,其中该班督查员犯罪嫌疑人李某分得好处费1.8万元至1.9万元。案发后1个月,李某经过激烈的思想斗争投案自首。

审查逮捕情况:

上一级人民检察院侦查监督部门经核实证据、讯问犯罪嫌疑人后认为,犯罪嫌疑人李某于案发后主动向侦查部门投案并如实供述了自己的罪行,认罪态度较好,并在案发后积极退还了所受贿款项且受贿数额不大,因此认为对李某无逮捕必要,作出了不予逮捕的决定,并向下报请审查逮捕的下一级人民检察院发出了详细的不捕理由说明书,详细阐述了不予逮捕犯罪嫌疑人的理由:一方面,犯罪嫌疑人系案发后经仔细考虑、权衡利弊后自首,且已全部退赃,并全部承认了自己的犯罪行为,采取取保候审、监视居住等措施不致发生社会危险性,能保证刑事诉讼的顺利进行。另一方面,犯罪嫌疑人与全班其余人员可能涉嫌共同犯罪,在责任划分、罪责认定、量刑考量方面应一并处理较为妥当,如果单独决定逮捕犯罪嫌疑人李某,可能会打草惊蛇惊动其他共同犯罪嫌疑人,反而会有碍刑事诉讼的顺利进行。经过明确、详细说理,报请审查逮捕的下级人民检察院接受了上一级人民检察院不予逮捕犯罪嫌疑人决定,没有报请复核。

【案例评析】

本案中,上一级人民检察院侦查监督部门对不予逮捕的理由予以了详细说明,取得了报请复核的下级人民检察院侦查部门的认同,避免了不必要的报请复核程序,也有利于相关工作的顺利开展,并发挥了上一级人民检察院统一法律适用的指导作用。

【案例二】不构成犯罪的不捕说理

张某合同诈骗案

公安机关认定的基本案情:

2009年9月,被害人马某与某钢材有限公司法定代表人、犯罪嫌疑人张某签订了E3型进口钢材购销合同,马某支付给张某35万元钢材款。2009年10月,由于国内钢材价格大幅下跌,E3型钢材供应国俄罗斯不再向中国出口该种钢材,张某因此而无法履行合同。马某于2009年10月底向公安机关报案。

审查逮捕情况:

承办检察官经审查发现,该起纠纷实际是当事双方签订合同后,由于发生市场突变的意外事件,而导致一方无法按照约定正常履行合同,属于一般经济纠纷。因此,侦查监督部门作出了不予批准逮捕犯罪嫌疑人的决定,同时向公安机关和被害人进行了充分说理,指出:一方面,犯罪嫌疑人张某未在签订合同的过程中虚构事实、隐瞒真相,其确实多年从事该种进口钢材的买卖,有相对稳定的货源信息和供货渠道。另一方面,现有证据不能认定张某有非法占有该笔款项的主观故意。合同签订后,张某积极组织货源,但无奈因钢材市场变化,该种钢材出口国拒绝继续提供货源,由此才导致张某无法正常履行合同,属于意外因素导致,非张某主观故意导致。但如果合同中有明确约定的话,张某应负担相应的合同违约责任,被害人可以依法向法院提起民事诉讼来保护自己的合法权益。

【案例评析】

本案中,人民检察院就不批准逮捕的决定从犯罪构成要件和证据方面做了充分的说明,并向被害人告知了其应有的权益和可以实现权益的方式,有利于避免不必要的复议、复核、申诉,也有利于化解社会矛盾。

第五节 审查逮捕决定的撤销与逮捕措施的变更

一、审查逮捕决定的撤销与逮捕措施的变更概述

在审查逮捕决定作出之后,可能发生如下几种变化:

一是审查逮捕决定的撤销。也即作出审查逮捕决定的人民检察院发现原批准或不批准逮捕的决定,或原逮捕或不予逮捕的决定确有错误,包括对不符合逮捕条件的犯罪嫌疑人作出了批准逮捕决定或逮捕决定,或对符合逮捕条件的犯罪嫌疑人作出了不批准逮捕决定或不予逮捕决定,从而决定将原来的错误决定予以撤销,使其自始无效。

二是逮捕措施的变更。也即由于原批准逮捕决定或逮捕决定被撤销,或者由于嗣后发现或出现了其他不应或不需再继续羁押的事由,或者羁押期限届满,从而将逮捕措施变更为其他强制措施。

三是逮捕措施的撤销或解除。也即由于原批准逮捕决定或逮捕决定被撤销,或者由于嗣后发现或出现了其他不应或不需再继续羁押的事由,或者羁押期限届满,且对犯罪嫌疑人也不应当或不需要再适用其他强制措施的,直接将犯罪嫌疑人释放而不再采取任何强制措施。

根据原刑事诉讼法第73条、第75条,新刑事诉讼法第94条、第97条的规定,"解除"仅适用于强制措施期限届满的情况,届满之前取消强制措施,变更为其他强制措施的为"变更",不再采取任何强制措施的则为"撤销"。但从理论上讲,撤销逮捕决定和撤销(提前解除)逮捕措施是有很大差别的:撤销决定以决定本

身有错误为前提；撤销逮捕措施则不以决定本身有错误为前提。决定被撤销的原因是因为其违反了刑事诉讼法关于逮捕条件的规定，对不符合逮捕条件的犯罪嫌疑人作出了批准逮捕决定或逮捕决定；逮捕措施被撤销，则除因批准逮捕决定或逮捕决定被撤销、逮捕自始不应当以外，主要是由于嗣后出现了一些不应或不需再继续羁押的事由。批准逮捕决定或逮捕决定的撤销只能由作出决定的人民检察院或其上级人民检察院决定；逮捕措施的撤销则可由公安机关或报请上一级人民检察院审查逮捕的省级以下（不含省级）人民检察院自行决定，只需要通知原批准的人民检察院或向作出决定的上一级人民检察院报告即可。实践中，无论是作出决定的人民检察院因为该决定自始发有误撤销批准逮捕决定或逮捕决定本身，还是公安机关或下级人民检察院因嗣后发现无逮捕必要撤销（提前解除）逮捕措施，用的都是《撤销强制措施决定书》，这一点其实是不合理的。

由于"撤销"一词的多义性容易导致歧义和混乱，"解除"一词根据我国刑事诉讼法的规定与司法实践又仅适用于强制措施期限届满的情况，因此，除专门指出的以外，本节中"逮捕措施的变更"均采广义，也即不仅包括将逮捕措施变更为其他强制措施，也包括不再采用任何强制措施，直接将犯罪嫌疑人释放。

二、审查逮捕决定的撤销

（一）应予撤销的情形

应撤销的审查逮捕决定包括两类：一是对不符合逮捕条件的犯罪嫌疑人作出的批准逮捕决定或逮捕决定；二是对符合逮捕条件的犯罪嫌疑人作出的不批准逮捕决定或不予逮捕决定。

1. 批准逮捕决定或逮捕决定应予撤销的情形

批准逮捕决定或逮捕决定之所以应予撤销，就是因为其所批准或决定逮捕的犯罪嫌疑人不符合逮捕条件，不应当被逮捕。具体可包括如下情形：无犯罪事实或者说不构罪而被捕；无（有罪）证据或（有罪）证据无足够优势而被捕；不需要追究刑事责任而被捕；不会或不需要判处徒刑以上刑罚而被捕；无逮捕必要性而被捕。发现上述情形，均应撤销批准逮捕决定或逮捕决定。实践中，比较常见的是，因犯罪嫌疑人的行为不构成犯罪而撤销、因有罪证据无足够优势而撤销和因无逮捕必要而撤销。

【案例一】 因不构成犯罪而撤销逮捕决定

康某行贿案

原逮捕决定认定的基本案情：

犯罪嫌疑人康某在2009年9月至2011年10月承租了某市桥路小学23间门面房，因该小学不与个人签订租赁合同，康某找其朋友姚某，以姚某经营的某市焕锋贸易有限公司的名义与桥路小学签订了23间门面的租房合同。为了能够租赁桥路小学的门面房，康某曾在与桥路小学商谈相关事宜期间，向桥路小学主管门面房出租的后勤主任宋某分三次行贿，共计送给宋某6万元的好处费。康某、宋某对此均供认不讳。

撤捕情况：

检察机关在案件评审中认为：康某以焕锋公司名义与桥路小学签订租房合同，而实为个人租房，这并不构成谋取不正当利益，故康某的行为不构成行贿罪，遂撤销了逮捕决定。

【案例评析】

在检察机关作出逮捕决定后，如果发现犯罪嫌疑人的行为不符合刑法规定的构成要件，不构成犯罪的，应当启动撤销程序，依法撤销原来的逮捕决定。

【案例二】 因有罪证据无足够优势而撤销逮捕决定

杨某受贿案

原逮捕决定认定的基本案情：

犯罪嫌疑人杨某是 A 村的党支部书记，主持村里的全面工作。2007 年 8 月因 A 村煤矿开采到了地面下方，村民需要整体搬迁，但煤矿的承包人宋某与 A 村就村民的搬迁赔偿事宜一直无法达成协议，村里便派人把守住了煤矿生产通道，不让其继续生产。为尽快恢复生产，承包人宋某找杨某帮忙，杨某利用其担任村党支部书记，负责协调处理 A 村村民搬迁补偿问题的便利，以能够帮助宋某让村民及时搬迁，使煤矿尽快恢复生产的名义，向宋某索要 210 万元。宋某按杨某的要求将 210 万元转入陆某（杨某亲戚、A 村村民代表）的农行账户后，杨某撤走了把守煤矿不让其生产的村民，并及时组织相关的村民、村干部开会，通过了该煤矿与 A 村洽谈整体搬迁补偿问题，签订了协议，使煤矿很快恢复了生产，并向 A 村的其他地方进一步挖掘开采。案发后，陆某畏罪潜逃。侦查部门以杨某构成受贿罪提请逮捕。审查逮捕阶段，犯罪嫌疑人杨某对侦查机关认定的事实予以否认，辩解此 210 万元与其无关，是给陆某的钱。而宋某则坚持杨某向自己索贿，且提供了自己的一名亲戚耿某作为人证。鉴于宋某的证言与其提供的证人耿某之间的证言能够互相印证，且有宋某将 210 万元打入陆某账户的书证，在一定程度上也印证了宋某的说法，检察机关最终决定逮捕了犯罪嫌疑人杨某。

撤捕情况：

检察机关作出逮捕决定之后，陆某归案。据陆某供述：所收的 210 万元与杨某无任何关系，而是宋某为承包 A 村煤矿送给自己的好处费，目的是不让自己与其竞争。本案的证据形成这样一种情况："受贿方"的供述能够互相印证，"行贿方"的证言也能够互相印证，但证实的内容则截然相反，书证也只能证实宋某将 210 万元打入陆某账户的情况,除此之外再无其他证据。在此情况下,检察机关认为单纯以一方证据来认定本案案件事实,证据尚不充分,故撤销了对杨某的逮捕决定。

【案例评析】

在检察机关作出逮捕决定后,如果发现犯罪嫌疑人涉嫌犯罪的证据不能达到逮捕所需要的标准,应当启动撤销程序,依法撤销原来的逮捕措施。但关键在于,逮捕所需要达到的证据标准并不明确,依据本书前文的分析,逮捕所依据的有罪证据应较无罪证据具有足够的优势,以致将来判决有罪的可能性远远大于判决无罪的可能性,方可决定逮捕。本案中,有罪证据不具有足够的优势,甚至将来判无罪的可能性还大于判有罪的可能性,不应当决定逮捕,已经决定逮捕的,应予撤销。

【案例三】 因无逮捕必要而撤销批准逮捕决定

成某赌博案

原批准逮捕决定认定的基本案情:

自2009年2月27日至3月1日,犯罪嫌疑人池某、刘某、王某等人在A市某商务会馆401、301房间用麻将牌以"推锅"方式聚众赌博并抽头渔利,非法抽头获利1万余元。其中成某负责为该赌博团伙记账,但不参与抽头渔利,每日仅得工资200元,共记账2天。3月2日晚,A市公安局治安管理支队刑警队根据群众举报的线索,在401室将正在聚众赌博的池某、刘某、王某及其他参赌人员共计23人当场抓获,现场查获涉嫌赌资4.06万元整、赌具若干、赌博记账单若干、为赌博放哨使用的对讲机1部。A市人民检察院在审查逮捕中认为本案的事实清楚,相关证据已经查实,符合逮捕条件,便批准逮捕了池某、刘某、王某及成某。

撤捕情况:

人民检察院作出逮捕决定后,成某的哥哥向检察院反映,成某的行为显著轻微,依法不构成犯罪,提出了撤销批准逮捕成某决定的申诉。经侦查监督部门审查认为:犯罪嫌疑人成某的行为确已涉嫌赌博罪,但成某系初犯、从犯,情节较轻,有悔罪表现,对成某没有逮捕必要,后以无逮捕必要为由撤销了对成某的逮捕决定。

【案例评析】

对于没有逮捕必要而作出了批准逮捕决定或逮捕决定的,应依法予以撤销。但是,本案中,成某仅负责记账,收取每日200元"工钱",应属情节显著轻微、危害不大,不认为是犯罪的情形,以"情节显著轻微、危害不大,不认为是犯罪"为由撤销批准逮捕决定更为合理。

2. 不批准逮捕决定或不予逮捕决定应予撤销的情形

不批准逮捕决定或不予逮捕决定之所以应予撤销,就是因为其不批准或不予逮捕的犯罪嫌疑人实际上符合逮捕条件,应当逮捕。也即对有证据证明有犯罪事实,可能判处徒刑以上刑罚,采取取保候审尚不足以防止发生危险性的犯罪嫌疑人,应当批准或决定逮捕,如果作出了不批准逮捕或不予逮捕的决定,则应当予以撤销。

(二)发现应予撤销情形的途径

新刑事诉讼法、《刑诉规则》为能够及时发现和纠正错误的审查逮捕决定,规定了以下制度:

1. 复议复核

复议复核的对象是人民检察院对公安机关提请批准逮捕的犯罪嫌疑人所作的不批准逮捕的决定,目的是发现和纠正错误的不批准逮捕决定,可能导致不批准逮捕决定被撤销。

新刑事诉讼法第90条规定:"公安机关对人民检察院不批准逮捕的决定,认为有错误的时候,可以要求复议,但是必须将被拘留的人立即释放。如果意见不被接受,可以向上一级人民检察院提请复核。上一级人民检察院应当立即复核,作出是否变更的决定,通知下级人民检察院和公安机关执行。"

根据《刑诉规则》第323条、第324条的规定,对公安机关要求复议的不批准逮捕案件，人民检察院侦查监督部门应当另行指派办案人员复议，并在收到提请复议书和案卷材料后的 7 日以内作出是否变更的决定，通知公安机关。对公安机关提请上一级人民检察院复核的不批准逮捕的案件，上一级人民检察院侦查监督部门应当在收到提请复核意见书和案卷材料后的 15 日以内由检察长或者检察委员会作出是否变更的决定，通知下级人民检察院和公安机关执行。如果需要改变原决定，应当通知不批准逮捕决定的人民检察院撤销原不批准逮捕决定，另行制作批准逮捕决定书。必要时，上级人民检察院也可以直接作出批准逮捕决定书，通知下级人民检察院送达公安机关执行。根据《刑诉规则》第 325 条的规定，人民检察院作出不批准逮捕决定，并且通知公安机关补充侦查的案件，公安机关在补充侦查后又提请复议的，人民检察院应当告知公安机关重新提请批准逮捕。公安机关坚持复议的，人民检察院不予受理。

2. 报请复查

报请复查的对象是上一级人民检察院对省级以下（不含省级）人民检察院报请审查逮捕的犯罪嫌疑人所作的不予逮捕的决定，目的是发现和纠正错误的不予逮捕决定，可能导致不予逮捕决定被撤销。

根据《刑诉规则》第 339 条的规定，下级人民检察院认为上一级人民检察院作出的不予逮捕决定有错误的，应当在收到不予逮捕决定书后 5 日以内报请上一级人民检察院重新审查，但是必须将已被拘留的犯罪嫌疑人立即释放或者变更为其他强制措施。上一级人民检察院侦查监督部门在收到报请重新审查逮捕意见书和案卷材料后，应当另行指派办案人员审查，在 7 日以内作出是否变更的决定。

3. 备案审查

备案审查的对象是对涉嫌一般性犯罪的外国籍、无国籍犯罪嫌疑人作出的批准逮捕的决定和对危害国家安全犯罪案件作出的批准逮捕或不批准逮捕的决定，目的也是发现和纠正错误的审查逮捕决定，可能导致相关决定被撤销。

根据《刑诉规则》第312条、第313条的规定，外国人、无国籍人涉嫌除危害国家安全犯罪的案件、涉及国与国之间政治、外交关系的案件以及在适用法律上确有疑难的案件以外的其他犯罪案件，决定批准逮捕的人民检察院应当在作出批准逮捕决定后48小时内报上一级人民检察院备案。人民检察院办理危害国家安全的案件，应当报上一级人民检察院备案。上一级人民检察院经审查发现错误的，应当依法及时纠正。

上一级人民检察院侦查监督部门应当在收到备案材料之日起10日内，由承办人填写备案审查表，提出是否同意下级人民检察院逮捕决定的意见，报部门负责人审批。认为下级人民检察院的逮捕决定错误的，或者发现下级人民检察院有应当逮捕犯罪嫌疑人而未决定逮捕情形的，应当报经检察长或者检察委员会决定后，书面通知下级人民检察院纠正，或者由上一级人民检察院直接作出相关决定，通知下级人民检察院执行。

4. 受理申诉

受理申诉的对象应当包括当事人双方对各种审查逮捕决定不服的申诉，目的也是发现和纠正错误的审查逮捕决定，可能导致相关决定被撤销。

但是新刑事诉讼法并没有对当事人不服审查逮捕决定的申诉作出规定，《刑诉规则》则仅对被害人不服不批准逮捕决定的申诉作出了规定。不过，无论是在理论上还是实践中，双方当事人都应当有权利对审查逮捕的各种决定提出申诉，人民检察院发现这些决定确有错误的，均应予以纠正。

《刑诉规则》第315条规定，被害人对人民检察院以没有犯罪事实为由作出的不批准逮捕决定不服提出申诉的，由作出不批准逮捕决定的人民检察院刑事申诉检察部门审查处理。对以其他理由作出的不批准逮捕决定不服提出申诉的，由侦查监督部门办理。这里的"以没有犯罪事实为由"是指不符合新刑事诉讼法所规定的"有证据证明有犯罪事实"的情形，包括前述"不构罪不捕"和

"证据不足不捕"两种情况。

5. 其他途径

除以上途径以外，检察实践中还可能通过各种定期或不定期的、一般性的或针对性的复查、专项检查活动等途径发现错误的审查逮捕决定。

（三）撤销程序

对审查逮捕决定的撤销只能由作出相应决定的人民检察院及其上级人民检察院决定。

对于公安机关提请批准逮捕的案件，根据《刑诉规则》第322条的规定，人民检察院对已经作出的批准逮捕决定发现确有错误的，应当撤销原批准逮捕决定，送达公安机关执行。对已作出的不批准逮捕决定发现确有错误，需要批准逮捕的，应当撤销原不批准逮捕决定，并重新作出批准逮捕决定，送达公安机关执行。对因撤销原批准逮捕决定而被释放的犯罪嫌疑人，又发现需要逮捕的，公安机关应重新提请批准逮捕。

对人民检察院直接受理立案侦查的案件，根据《刑诉规则》第338条、第339条、第348条、第349条的规定，对不应当逮捕而决定逮捕的，应当撤销逮捕决定。对省级以下（不含省级）人民检察院直接立案侦查的案件，由作出逮捕决定的人民检察院撤销，并通知下级人民检察院送达公安机关执行，同时向下级人民检察院说明撤销逮捕的理由。对应当逮捕而决定不予逮捕的，《刑诉规则》没有就是否应当先撤销原不予逮捕的决定，才能重新作出逮捕决定作出明确规定。从相关条款的表述和检察工作的实际出发，对于省级以下（不含省级）人民检察院报请上一级人民检察院审查逮捕，上一级人民检察院作出了不予逮捕的决定，后通过下级院报请复查等途径发现该不予逮捕决定有错误的，应当先撤销原不予逮捕决定，再作出逮捕决定。除此之外，在作出不予逮捕决定之后又发现需要逮捕犯罪嫌疑人的，无须先撤销原不予逮捕的决定，只需重新作出逮捕决定。

值得注意的是,在实践中,对不批准逮捕决定的撤销用的是《撤销不(予)批准决定书》,对批准逮捕决定的撤销用的则是《撤销强制措施决定书》。

三、逮捕措施的变更

(一)应变更逮捕措施的事由

根据新刑事诉讼法和《刑诉规则》的规定及检察工作的实践,应当变更逮捕的事由主要包括如下三个方面:

一是原批准逮捕决定或逮捕决定被撤销的,应根据是否符合其他强制措施的适用条件,决定变更为其他强制措施或直接将犯罪嫌疑人释放。

二是虽然原批准逮捕决定或逮捕决定尚未被撤销,但已经发现不应当逮捕或者不需要继续羁押的,也应根据是否符合其他强制措施的适用条件,决定变更为其他强制措施或直接将犯罪嫌疑人释放。

三是羁押期限届满,也应根据是否符合其他强制措施的适用条件,决定变更为其他强制措施或直接将犯罪嫌疑人释放。

《刑诉规则》第619条对应变更逮捕措施的事由予以了列举式的规定:(1)案件证据发生重大变化,不足以证明有犯罪事实或者犯罪行为系犯罪嫌疑人、被告人所为的;(2)案件事实或者情节发生变化,犯罪嫌疑人、被告人可能被判处管制、拘役、独立适用附加刑、免予刑事处罚或者判决无罪的;(3)犯罪嫌疑人、被告人实施新的犯罪,毁灭、伪造证据,干扰证人作证,串供,对被害人、举报人、控告人实施打击报复,自杀或者逃跑等的可能性已被排除的;(4)案件事实基本查清,证据已经收集固定,符合取保候审或者监视居住条件的;(5)继续羁押犯罪嫌疑人、被告人,羁押期限将超过依法可能判处的刑期的;(6)羁押期限届满的;(7)因为案件的特殊情况或者办理案件的需要,变更强制措施更为适宜的;(8)其他不需要继续羁押犯罪嫌疑人、被告人的情形。

（二）发现应变更事由的途径

对于犯罪嫌疑人被批准或决定逮捕的，应通过及时讯问、受理申请、申诉和积极开展羁押必要性审查工作，及时发现不应当或不需要继续羁押的情形。

1. 及时讯问

根据新刑事诉讼法及《刑诉规则》的规定，对犯罪嫌疑人被逮捕的，提请批准逮捕的公安机关、报请审查决定逮捕的省级以下（不含省级）人民检察院侦查部门、决定逮捕的最高人民检察院、省级人民检察院侦查部门均应立即将被逮捕人送看守所羁押，并在逮捕后的24小时以内进行讯问。发现不应当逮捕的，必须立即释放犯罪嫌疑人，发给释放证明。如需采取其他强制措施且符合适用条件的，可以变更为其他强制措施。

2. 受理申请、申诉

根据新刑事诉讼法第95条、《刑诉规则》第148条的规定，犯罪嫌疑人及其法定代理人、近亲属或者辩护人有权申请变更强制措施。犯罪嫌疑人及其法定代理人、近亲属或者辩护人向人民检察院提出变更强制措施申请的，人民检察院应当在收到申请后3日内作出决定。经审查同意变更的，在作出决定的同时通知公安机关执行；不同意变更的，应当书面告知申请人，并说明不同意的理由。犯罪嫌疑人及其法定代理人、近亲属或者辩护人提出变更强制措施申请的，应当说明理由，有证据和其他材料的，应当附上相关材料。

根据新刑事诉讼法第96条、《刑诉规则》第147条、第314条的规定，对于人民检察院正在侦查或审查起诉的案件，被逮捕的犯罪嫌疑人及其法定代理人、近亲属或者辩护人认为羁押期限届满，向人民检察院提出释放犯罪嫌疑人或者变更逮捕措施要求的，人民检察院应当在3日以内审查决定。经审查，认为法定期限届满的，应当决定释放或者依法变更逮捕措施，并通知公安机关执行；认为未满法定期限的，书面答复申请人。

对人民检察院正在侦查或审查起诉的案件以外的其他案件，包括人民检察院批准逮捕、公安机关正在侦查的案件、人民法院决定逮捕的案件等，被逮捕的犯罪嫌疑人及其法定代理人、近亲属或者辩护人认为羁押期限届满而有关机关不予释放的，可以向人民检察院提出申诉，通过刑事诉讼监督程序处理。

3. 羁押必要性继续审查

新刑事诉讼法第 93 条规定，犯罪嫌疑人、被告人被逮捕后，人民检察院仍应当对羁押的必要性进行审查。对不需要继续羁押的，应当建议予以释放或者变更强制措施。羁押必要性审查可能发生在多个阶段：一是在审查逮捕的时候需要对羁押必要性予以审查，目的是为了判断是否符合逮捕条件，可能导致批准或决定逮捕，也可能导致不批准或不予逮捕；二是在对审查逮捕决定进行复核、复查、审查时，仍需对羁押必要性予以审查，目的是为了发现和纠正对不必要羁押之人批准逮捕或决定逮捕的错误决定，可能导致批准逮捕决定或逮捕决定的撤销；三是在羁押过程中，对有无继续羁押的必要性予以审查，目的是为了发现和解除已不必要之羁押，可能导致逮捕措施的变更或解除。本条所规定和这里所分析的"羁押必要性继续审查"仅指第三种羁押必要性审查。

《刑诉规则》对羁押必要性继续审查的部门管辖、程序、方法等作了进一步的规定。

（1）羁押必要性继续审查的管辖

《刑诉规则》第 617 条规定，侦查阶段的羁押必要性审查由侦查监督部门负责；审判阶段的羁押必要性审查由公诉部门负责。监所检察部门在检所检察工作中发现不需要继续羁押的，可以提出释放犯罪嫌疑人、被告人或者变更强制措施的建议。

（2）羁押必要性审查的程序

根据《刑诉规则》第 618 条的规定，犯罪嫌疑人、被告人及其法定代理人、近亲属或者辩护人可以申请人民检察院进行羁押必要性审查，申请时应当说明不需要继续羁押的理由，有相关证据或者其他材料的，应当提供。

根据《刑诉规则》第621条的规定，人民检察院经审查，认为已无继续羁押之必要，从而向有关办案机关提出对犯罪嫌疑人、被告人予以释放或者变更强制措施的建议的，应当要求有关办案机关在10日以内将处理情况通知本院。有关办案机关没有采纳人民检察院建议的，应当要求其说明理由和依据。对人民检察院办理的案件，经审查认为不需要继续羁押犯罪嫌疑人的，应当建议办案部门予以释放或者变更强制措施。

（3）羁押必要性审查的方法

根据《刑诉规则》第620条的规定，人民检察院可以采取以下方式进行羁押必要性审查：对犯罪嫌疑人、被告人进行羁押必要性评估；向侦查机关了解侦查取证的进展情况；听取有关办案机关、办案人员的意见；听取犯罪嫌疑人、被告人及其法定代理人、近亲属、辩护人，被害人及其诉讼代理人或者其他有关人员的意见；调查核实犯罪嫌疑人、被告人的身体健康状况；查阅有关案卷材料，审查有关人员提供的证明不需要继续羁押犯罪嫌疑人、被告人的有关证明材料；其他方式。

（三）变更逮捕措施的程序

对于公安机关提请批准逮捕、人民检察院批准逮捕的案件，人民检察院撤销批准逮捕决定或者侦查羁押期限届满的，公安机关应当将被逮捕人予以释放，符合其他强制措施适用条件的，可以变更为其他强制措施。人民检察院并未撤销批准逮捕决定，但公安机关在逮捕执行过程中发现逮捕措施不当或者不需要再予以继续羁押的，也应当将被逮捕人予以释放，符合其他强制措施适用条件的，可以变更为其他强制措施，并且应当通知原批准逮捕的人民检察院。将犯罪嫌疑人予以释放或变更强制措施后，又发现需要逮捕的，公安机关应重新提请批准逮捕。

对省级以下（不含省级）人民检察院报请上一级人民检察院审查逮捕，上一级人民检察院决定逮捕的案件，上一级人民检察院撤销逮捕决定或者侦查羁押期限届满的，下级人民检察院应当释放犯罪嫌疑人或者变更强制措施。对于上一级人民检察院并未撤销逮捕决定，但下级人民检察院在侦查过程中，发现不应当逮捕的或不具有继续羁押之必要的，应当立即释放犯罪嫌疑人或者变更强制措施，向上一级人民检察院报告。对已被释放或者变更为其他强制措施的犯罪嫌疑人，又发现需要逮捕的，应当重新报请审查逮捕。

对最高人民检察院、省级人民检察院直接受理立案侦查并作出逮捕决定的案件，侦查部门在侦查过程中发现不应当逮捕的，应当经检察长批准，撤销逮捕决定或变更为其他强制措施，并通知公安机关执行，同时通知侦查监督部门。对已被释放或者被变更强制措施的犯罪嫌疑人，又发现需要逮捕的，应重新移送审查逮捕。

第六节　批准（决定）延长和重新计算侦查羁押期限

一、批准（决定）延长侦查羁押期限

批准（决定）延长侦查羁押期限是指，犯罪嫌疑人被逮捕后的侦查羁押期限届满，仍不能侦查终结的，符合法定条件的，可以经有权批准（决定）延长侦查羁押期限的人民检察院批准或决定延长侦查羁押期限。

（一）批准（决定）延长侦查羁押期限的条件

1."一延"

根据新刑事诉讼法第154条的规定，对犯罪嫌疑人逮捕后的侦查羁押期限不得超过2个月。案情复杂、期限届满不能终结的案件，可以经上一级人民检察院批准延长1个月。根据《刑诉规则》第274条的规定，对犯罪嫌疑人逮捕后的侦查羁押期限不得超过2个月。基层人民检察院、分、州、市人民检察院和省级人民检察院直接受理立案侦查的案件，案情复杂、期限届满不能终结的案件，可以经上一级人民检察院批准延长1个月。此种延押实践中称为

"一延"。

"一延"适用的案件范围为"案情复杂、期限届满不能终结的案件"。关于何为"案情复杂",可参考《检察机关执法工作基本规范》第5·85条第2款、第3款的规定。一是"案情复杂"主要是指以下情形:涉案犯罪嫌疑人在三人以上或者同案犯在逃的共同犯罪案件;一名犯罪嫌疑人涉嫌多起犯罪或者多个罪名的;案件定性争议大,在适用法律上确有疑难的;涉外案件或者需要境外取证的;与大要案有牵连,且影响大要案处理,大要案尚未终结的案件。二是以下案件应当属于"案情复杂"的案件:交通十分不便的边远地区的重大复杂案件;重大的犯罪集团案件;流窜作案的重大复杂案件;犯罪涉及面广、取证困难的重大复杂案件。

"一延"适用的程序是经上一级人民检察院批准。

"一延"可延长的时间为1个月。

2. "二延"

根据新刑事诉讼法第156条的规定,对于一定范围内的案件在上述新刑事诉讼法第154条规定的期限届满仍不能侦查终结的,经省、自治区、直辖市人民检察院批准或决定,可以延长2个月。根据《刑诉规则》第275条的规定,基层人民检察院和分、州、市人民检察院直接受理立案侦查的案件,属于交通十分不便的边远地区的重大复杂案件、重大的犯罪集团案件、流窜作案的重大复杂案件和犯罪涉及面广、取证困难的重大复杂案件,在依照《刑诉规则》第274条规定的期限届满前不能侦查终结的,经省、自治区、直辖市人民检察院批准,可以延长2个月。省级人民检察院直接受理立案侦查的案件,属于上述情形的,可以直接决定延长2个月。此种延押实践中称为"二延"。

"二延"适用的案件范围包括:一是交通十分不便的边远地区的重大复杂案件;二是重大的犯罪集团案件;三是流窜作案的重大复杂案件;四是犯罪涉及面广,取证困难的重大复杂案件。

"二延"适用的条件是,经"一延"程序延长2个月的期限届满,仍不能侦查终结。

"二延"适用的程序是经省、自治区、直辖市人民检察院批准或决定。

"二延"可延长的时间为2个月。

3. 再延

根据新刑事诉讼法第157条的规定，对犯罪嫌疑人可能判处10年有期徒刑以上刑罚，依照本法第156条规定延长期限届满，仍不能侦查终结，经省、自治区、直辖市人民检察院批准或者决定，可以再延长2个月。根据《刑诉规则》第276条的规定，基层人民检察院和分、州、市人民检察院直接受理立案侦查的案件，对犯罪嫌疑人可能判处10年有期徒刑以上刑罚，依照《刑诉规则》第275条的规定依法延长羁押期限届满，仍不能侦查终结的，经省、自治区、直辖市人民检察院批准，可以再延长2个月。省级人民检察院直接受理立案侦查的案件，属于上述情形的，可以直接决定再延长2个月。此种延押实践中称为"再延"。

"再延"适用的案件范围是：对犯罪嫌疑人可能判处10年有期徒刑以上刑罚的案件。

"再延"适用的条件是：经"一延"、"二延"延长的期限届满仍不能侦查终结的。

"再延"适用的程序是经省、自治区、直辖市人民检察院批准或决定。

"再延"可延长的时间为2个月。

4. 最高人民检察院直接受理立案侦查案件侦查羁押期限的延长

《刑诉规则》第277条规定："最高人民检察院直接受理立案侦查的案件，依照刑事诉讼法的规定需要延长侦查羁押期限的，直接决定延长羁押期限。"根据此条规定，最高人民检察院直接受理立案侦查案件的延长，要符合刑事诉讼法关于延长羁押期限适用案件的范围、可延长的时间的限制，只是由于不存在"上一级人民检察院"和反过来让"省、自治区、直辖市人民检察院"批准延长不合适，才作此特别规定，而绝不意味着最高人民检察院可以随意自行决定延长侦查羁押期限。

（二）批准（决定）延长侦查羁押期限的程序

根据《刑诉规则》第 278 条的规定，公安机关立案侦查的案件，公安机关需要延长侦查羁押期限的，应当在侦查羁押期限届满 7 日前，向同级人民检察院移送延长侦查羁押期限意见书，写明案件的主要案情和延长侦查羁押期限的具体理由。人民检察院直接立案侦查的案件，侦查部门认为需要延长侦查羁押期限的，也应当按此期限、要求，向本院侦查监督部门移送延长侦查羁押期限的意见及有关材料。

根据《刑诉规则》第 279 条的规定，人民检察院审查批准或者决定延长侦查羁押期限，由侦查监督部门办理。受理案件的人民检察院侦查监督部门对延长侦查羁押期限的意见审查后，应当提出是否同意延长侦查羁押期限的意见，报检察长决定后，将侦查机关延长侦查羁押期限的意见和本院的审查意见层报有决定权的人民检察院审查决定。有决定权的人民检察院应当在侦查羁押期限届满前作出是否批准延长侦查羁押期限的决定，并交由受理案件的人民检察院侦查监督部门送达公安机关或者本院侦查部门。

根据《刑诉规则》第 285 条的规定，侦查监督部门审查延长侦查羁押期限，可以讯问犯罪嫌疑人，听取律师意见，调取案卷及相关材料等。

实践中，人民检察院对延长侦查羁押期限的意见，应着重从以下几个方面予以审查：一是法律文书是否齐全；二是是否按照法定期限提请延长侦查羁押期限；三是提请延押的理由是否充分、是否符合延押的条件；四是在侦查羁押期间是否调查取证；五是侦查羁押期限时间计算是否符合法律规定。此外，参考《检察机关执法工作基本规范》第 5·90 条的规定，对于已向公安机关发出《提供法庭审判所需证据材料意见书》的案件，人民检察院应当对照《提供法庭审判所需证据材料意见书》，结合公安机关的提纲、侦查进展情况进行审查，决定是否批准延长侦查羁押期限。对公安机关未说明原因且案件侦查工作无明显进展的，可以不批准延长侦查羁押期限。

另外，根据新刑事诉讼法第 155 条、《刑诉规则》第 280 条的规定，因为特殊原因，在较长时间内不宜交付审判的特别重大复杂的案件，由最高人民检察院报请全国人民代表大会常务委员会批准延期审理。

二、重新计算侦查羁押期限

根据新刑事诉讼法第 158 条第 1 款的规定，在侦查期间，发现犯罪嫌疑人另有重要罪行的，自发现之日起依照新刑事诉讼法第 154 条的规定重新计算侦查羁押期限。根据《刑诉规则》第 281 条第 2 款的规定，另有重要罪行是指与逮捕时的罪行不同种的重大犯罪和同种的影响罪名认定、量刑档次的重大犯罪。

对公安机关立案侦查的案件，根据最高人民法院、最高人民检察院、公安部、国家人大常委会法制工作委员会《关于刑事诉讼法实施中若干问题的规定》第 32 条规定，公安机关在侦查期间，发现犯罪嫌疑人另有重要罪行，重新计算侦查羁押期限的，由公安机关决定，但须报人民检察院备案，人民检察院可以进行监督。根据《刑诉规则》第 283 条的规定，对公安机关重新计算侦查羁押期限的备案，由侦查监督部门审查。侦查监督部门认为公安机关重新计算侦查羁押期限不当的，应当提出纠正意见，报检察长决定后，通知公安机关纠正。

对人民检察院直接受理立案侦查的案件，根据《刑诉规则》第 282 条的规定，人民检察院重新计算侦查羁押期限，应当由侦查部门提出重新计算侦查羁押期限的意见，移送本院侦查监督部门审查。侦查监督部门审查后应当提出是否同意重新计算侦查羁押期限的意见，报检察长决定。

根据《刑诉规则》第 285 条的规定，侦查监督部门审查重新计算侦查羁押期限案件，可以讯问犯罪嫌疑人，听取律师意见，调取案卷及相关材料等。

第七节　当事人和解的公诉案件的审查逮捕

新刑事诉讼法第五编"特别程序"中规定了"当事人和解的公诉案件诉讼程序",对于一定范围内的公诉案件,当事人和解的,可以依照法律规定的程序对犯罪嫌疑人、被告人予以从宽处理。对于属于这一范围内的案件,在审查逮捕阶段主要面临两个问题:一是对当事人尚未达成和解的,应如何处理;二是对当事人已经达成和解的,应如何处理。前者涉及审查逮捕阶段能否和如何促成当事人和解的问题,可以称为"审查逮捕阶段的刑事和解";①后者涉及对当事人和解的公诉案件予以审查逮捕后如何处理的问题。

一、审查逮捕阶段的刑事和解

对于当事人可以和解的公诉案件,如果公安机关提请批准逮捕时尚未达成和解协议的,人民检察院的可以建议当事人进行和解,并主持制作和解协议书。具体程序如下:

（一）审查案件是否符合刑事和解的适用范围与条件

1. 适用范围

首先要审查案件是否属于可以适用当事人和解的案件。根据新刑事诉讼法第277条第1款和《刑诉规则》第510条第1款的规定,下列公诉案件,双方当事人可以和解:一是因民间纠纷引起,涉嫌刑法分则第四章、第五章规定的犯罪案件,可能判处3年有期徒刑以下刑罚的;二是除渎职犯罪以外的可能判处7年有期徒刑以下刑罚的过失犯罪案件。

---

① 新刑事诉讼法没有采用"刑事和解"的表述,这一表述也确有不严谨之处,但为了论述的方便,这里及下文仍采"刑事和解"的表述。

2. 适用条件

其次要审查案件是否符合适用当事人和解的条件。根据新刑事诉讼法第 277 条第 2 款和《刑诉规则》第 510 条第 2 款的规定，上述范围内的公诉案件还必须同时符合五项积极条件，并且不符合一项消极条件，方可适用和解程序。

五项积极条件为：犯罪嫌疑人真诚悔罪，向被害人赔偿损失、赔礼道歉等；被害人明确表示对犯罪嫌疑人予以谅解；双方当事人自愿和解，符合有关法律规定；属于侵害特定被害人的故意犯罪或者有直接被害人的过失犯罪；案件事实清楚，证据确实、充分。

一项消极条件为：犯罪嫌疑人在 5 年以内曾经故意犯罪，且无论该故意犯罪是否已经追究。

【案例】刑事和解的适用范围

李某交通肇事案

公安机关认定的基本案情：

犯罪嫌疑人李某，男，1968 年 4 月 15 日出生，汉族，初中文化，住某区，2011 年 5 月 10 日因涉嫌交通肇事罪被公安机关刑事拘留，于同年 5 月 13 日公安机关将该案移送检察院提请批准逮捕。

被害人曹某，男，43 岁，汉族，小学文化，农民，住某县。

2011 年 4 月 28 日 11 时 10 分许，犯罪嫌疑人李某驾驶冀 DF×××（冀 DMM××挂）号重型半挂货车，沿国道 207 线由南向北行驶至山西省长治市某县路段时，因该车制动系统操作失灵，未能及时有效采取措施，将在公路上施工的曹某当场碾压致死。事故发生后，李某下车见有人受伤，用自己的手机打电话报警，并打电话通知车主。但害怕被害人家属情急之下殴打他，便躲至附近一加油站内，待交通民警到现场后，李某主动向民警认罪，配合交警部门进行事故调查。经交警部门交通事故认定书认定：李某负此次事故的全部责任，曹某无责任。

审查逮捕情况：

人民检察院侦查监督部门经审查发现，刑事技术鉴定中心对肇事车辆进行了安全技术检测，查明该车制动系统操作失灵是引发此次交通事故的原因，犯罪嫌疑人李某在驾驶车辆时不知道制动系统出现故障，制动失灵是突发情况。且犯罪嫌疑人李某在事故发生后停车查看，保护现场，主动报警，积极接受调查，虽因害怕暂时离开现场，不属于交通肇事后为逃避法律追究逃离事故现场的逃逸行为。在侦查监督部门审查该案期间，李某与被害人亲属自愿达成和解协议，一次性赔付被害人亲属各种损失 14 万元，被害人亲属对李某表示谅解，同意对李某从宽处理。最终侦查监督部门依法以无逮捕必要对犯罪嫌疑人李某作出不予批准逮捕决定。

【案例评析】

本案发生在新刑事诉讼法和《刑诉规则》实施之前，以新刑事诉讼法和《刑诉规则》的相关规定来看，本案是一起典型的交通肇事案件，犯罪嫌疑人李某未逃逸，根据刑法第 133 条之规定，应对李某处以 3 年以下有期徒刑或者拘役，完全符合"除渎职犯罪以外的可能判处 7 年有期徒刑以下刑罚的过失犯罪"。且同时具备了以下条件：一是犯罪嫌疑人真诚悔罪，向被害人赔偿损失、赔礼道歉等；二是被害人明确表示对犯罪嫌疑人予以谅解；三是双方当事人自愿和解，符合有关法律规定；四是属于有直接被害人的过失犯罪；五是案件事实清楚，证据确实、充分。也即根据新刑事诉讼法和《刑诉规则》的规定，本案也属于可以适用当事人和解案件诉讼程序的案件。

(二) 建议当事人进行和解

根据《刑诉规则》第 514 条第 2 款的规定，人民检察院对于符合上述范围与条件的案件，可以建议当事人进行和解，并告知相应的权利义务，必要时可以提供法律咨询。值得指出的是，此条的适用不能过于机械。有些案件虽然符合适用刑事和解的案件范围，也不具有不能适用的禁止性情形，犯罪嫌疑人也真诚悔罪、愿意向被害人赔偿损失、赔礼道歉,但被害人尚不能明确表示对犯罪嫌疑人予以谅解的,人民检察院根据案件综合情况,认为有和解可能的,也可以建议当事人进行和解。但最终是否愿意和解和能否达成和解,必须取决于双方当事人的自愿。

1. 参与主体

根据《刑诉规则》第511条、第512条的规定,被害人死亡的,其法定代理人、近亲属可以与犯罪嫌疑人和解。被害人系无行为能力或者限制行为能力人的,其法定代理人可以代为和解。犯罪嫌疑人系限制行为能力人的,其法定代理人可以代为和解。犯罪嫌疑人在押的,经犯罪嫌疑人同意,其法定代理人、近亲属可以代为和解。

根据《刑诉规则》第514条第2款的规定,双方当事人可以自行达成和解,也可以经人民调解委员会、村民委员会、居民委员会、当事人所在单位或者同事、亲友等组织或者个人调解后达成和解。因此,在实践中,对可以适用当事人和解的公诉案件诉讼程序的案件,如果在审查逮捕阶段尚未达成和解协议,人民检察院可以建议当事人进行和解,当事人同意和解的,为保障和解效果,也可以商情上述组织或个人帮助调解。人民检察院应当与人民调解组织积极沟通、密切配合,建立工作衔接机制,及时告知双方当事人申请委托人民调解的权利、申请方式和操作程序以及达成调解协议后的案件处理方式,支持配合人民调解组织的工作。

2. 协商内容

根据《刑诉规则》第513条的规定,双方当事人可就赔偿损失、赔礼道歉等民事责任事项进行和解,并且可以就被害人及其法定代理人或者近亲属是否要求或者同意公安机关、人民检察院、人民法院对犯罪嫌疑人依法从宽处理进行协商,但是,不得对案件的事实认定、证据采信、法律适用和定罪量刑等依法属于公安机关、人民检察院、人民法院职权范围的事宜进行协商。

【案例一】 对符合刑事和解适用范围的案件，人民检察院可以建议当事人和解

梁某故意伤害案

公安机关认定的基本案情：

犯罪嫌疑人梁某，男，23岁，汉族，小学文化，农民，住某县，于2011年7月29日因涉嫌故意伤害罪被公安局刑事拘留，于同年8月1日向检察院提请批准逮捕。

被害人刘某，男，47岁，汉族，小学文化，农民，与梁某同住一村。

2011年2月2日15时许，犯罪嫌疑人梁某路过本村小卖部时看见自己的姨妈王某满身是土，正在与本村手持铁锹的刘某争吵，争吵间二人开始动手厮打。这时梁某顺手拿起王某家大门口竖着的铁锹和刘某打了起来，打斗中间二人手持的铁锹头都被甩了出去，刘某持铁锹把打在梁某身上被折断，梁某则用其持的铁锹把在刘某身上、头上乱打，致刘某头部、胸部受伤。经鉴定为轻伤。

审查逮捕情况：

侦查监督部门审查该案时有两种意见：一种意见认为，该案在性质上非常恶劣。因为犯罪嫌疑人梁某和姨妈王某、被害人刘某同住一村，刘某是从外地迁徙到该村的。梁某看到王某和刘某打架，不是帮忙劝架，而是帮着亲戚殴打他人，显示家族势力，影响恶劣，应当批准逮捕。另一种意见认为，犯罪嫌疑人梁某和被害人刘某同住一村，故意伤害的出发点也仅仅是为了不让亲戚吃亏，其与刘某之间并无矛盾和积怨，且已经悔罪，愿意向被害人赔偿损失、赔礼道歉，为了邻里以后能够和睦相处，从法律角度和社会角度出发，均应促使其达成和解。

后侦查监督部门本着化解社会矛盾、促进社会和谐的宗旨对双方当事人进行说服教育，促进双方当事人达成和解。在达成和解之前，被害人刘某沉浸在受伤的悲痛与愤怒之中不能自拔，梁某虽苦

苦祈求，刘某却一直不肯原谅。双方和解工作一度陷入僵局。最后，经过侦查监督部门工作人员耐心细致的说服，双方最终达成了和解，犯罪嫌疑人梁某对被害人刘某进行了赔偿，双方当事人握手言和。检察机关认为该案有证据证明犯罪嫌疑人梁某持械故意伤害刘某致轻伤，涉嫌故意伤害罪，但鉴于该案属邻里因琐事发生纠纷，情节轻微，且民事部分已达成和解，因此对梁某作出了不予批准逮捕的决定。

【案例评析】

本案发生在新刑事诉讼法和《刑诉规则》实施之前。以新刑事诉讼法和《刑诉规则》的相关规定来看，本案属于"因民间纠纷引起，涉嫌刑法分则第四章、第五章规定的犯罪案件，可能判处3年有期徒刑以下刑法的"案件，并且犯罪嫌疑人也已真诚悔过，愿意向被害人赔礼道歉、赔偿损失，但被害人一时间还难以原谅犯罪嫌疑人，对这样的案件，人民检察院根据案件综合情况，认为有和解可能的，可以建议双方当事人和解。但应当注意，人民检察院仅有建议的权利，必要的时候可以提供法律咨询，最终是否愿意和解和能否达成和解协议，都要由双方当事人自愿决定，人民检察院要尊重双方当事人的意愿。

【案例二】对符合刑事和解适用范围的未成年人犯罪案件应积极建议和解

郝某故意伤害案

公安机关认定的基本案情：

犯罪嫌疑人郝某，男，1994年4月5日出生，汉族，初中文化，某县中学初三年级学生，住某县。2010年9月17日因涉嫌故意伤害罪被公安局刑事拘留。

被害人李某，男，1996年8月14日出生，汉族，初中文化，与郝某系同班同学，在学校同住一宿舍。

2010年5月26日中午1时50分许,犯罪嫌疑人郝某与被害人李某在学校所住宿舍内因琐事发生冲突,相互厮打起来,郝某随手拿起墙角的小铁簸箕将李某头部打伤,致李某颅骨损伤,经鉴定构成轻伤。

侦查监督情况:

人民检察院侦查监督部门经审查认为,犯罪嫌疑人郝某有殴打被害人李某并造成李某头部轻伤的事实,其行为构成故意伤害罪。但郝某系在校学生,打架是临时起意,随手使用作案工具,主观恶性不大,并且在案发后郝某的父母已经赔付李某医药费共计1.83万元。鉴于双方当事人均系在校学生,侦查监督部门受理该案后,坚持保护未成年人合法权益的原则,为了既能保障被害人的损伤能够顺利治疗恢复,又能对未成年犯罪嫌疑人予以教育、感化、挽救,因此分别与双方未成年当事人的家长见面座谈,了解他们对该案的态度,听取他们的意见,并对办理未成年人案件的法律法规进行了讲解。经调查发现犯罪嫌疑人郝某的家长愿意赔偿被害人医疗费并配合该案诉讼程序的正常进行,还写下了《保证书》,被害人李某的家长也愿意接受加害方的赔偿。针对此情况,检察机关及时通知双方当事人所在学校,建议学校为双方主持和解,最终两家达成和解协议,郝某的家长又向李某赔偿人民币3.5万元。最终,人民检察院结合本案犯罪嫌疑人郝某系未成年人且系在校学生,具有法定从轻、减轻处罚情节;案发后与被害人达成和解协议,并已实际履行,被害人及家属也表示谅解;犯罪因琐事引起,主观恶性不大等实际情况,认为对犯罪嫌疑人郝某无逮捕必要,最终作出不予批准逮捕的决定,郝某又重返学校学习。该案移送审查起诉后,公诉部门作了相对不起诉处理。

【案例评析】

本案发生在新刑事诉讼法和《刑诉规则》实施之前。新刑事诉讼法和《刑诉规则》虽未专门规定对符合刑事和解适用范围和条件的未成年人案件,人民检察院应积极建议和解,但是,从未成年人犯罪案件"教育、感化、挽救"的方针、"教育为主、惩罚为辅"的原则和严格限制逮捕适用的原则出发,积极建议符合条件的未成年人犯罪案件的双方当事人和解是恰当的。值得注意的是,检察机关仅有建议的权利,必要的时候可以提供法律咨询。学校等单位或个人均可以为双方当事人调解,但对双方当事人自愿达成和解的,最终要由人民检察院主持制作和解协议书。

【案例三】 刑事和解案件中双方当事人可和解、协商的内容

邱某盗窃案

公安机关认定的基本案情:

犯罪嫌疑人邱某,男,22岁,汉族,云南省某县人,系上海市某高校大学生,于2011年4月3日因涉嫌盗窃罪被刑事拘留,于同年4月9日提请批准逮捕。

被害人康某,男,23岁,汉族,江西省某县,与犯罪嫌疑人邱某系同校学生。

犯罪嫌疑人邱某于2008年考入上海某高校读书,在2010年的大二下学期,一个偶然的机会,邱某接触到了网上赌球,觉得开奖那一瞬间很刺激,且赌博的钱来得很容易,于是开始迷恋赌球。然而,邱某很快输光了父母给的学费、生活费。随后,邱某将目光盯在了身边同学的财物上。2011年3月25日下午,邱某路过某寝室时,瞥见桌子上摆放着一台笔记本电脑,而屋内空无一人,遂潜入屋内,偷走桌上的笔记本电脑并以2000元变卖。经鉴定:该笔记本电脑价值为3894元。

审查逮捕情况:

在审查逮捕阶段,犯罪嫌疑人邱某家长和学校多次找到侦查监督部门,表示愿意积极退赃并赔偿被害人的损失,并在学校的主持下达成和解。犯罪嫌疑人邱某家长除将2000元赃款全部退缴公安机关外,还向被害人康某赔偿财物损失4000元,被害人康某表示不再追究犯罪嫌疑人邱某的刑事责任。邱某和其家长又找到侦查监

督部门,请求根据和解协议不再追究邱某的刑事责任。侦查监督部门经审查认为,本案犯罪嫌疑人邱某涉嫌盗窃罪,价值达3894元,根据刑法第264条之规定,应被判处3年以下有期徒刑、拘役或者管制,并处或者单处罚金,符合刑事和解案件的范围。但其和解协议中关于"不追究被告人刑事责任"的部分不符合法律规定,不予确认。最后,人民检察院根据实际的和解情况,认为对邱某无逮捕必要,作出了不批准逮捕的决定。

【案例评析】

检察机关代表国家行使追诉职能,检察机关对公诉案件的处理不受当事人意志的左右,当事人无权就公诉案件中的刑事责任问题进行和解,即无权"私了"。当事人可以对赔偿损失、赔礼道歉等民事责任事项予以和解,并就被害人是否要求或同意对犯罪嫌疑人从宽处理予以协商。

此外,本案发生在新刑事诉讼法和《刑诉规则》实施前,如果发生在这之后,对于经人民调解委员会、村民委员会、居民委员会、当事人所在单位或者同事等组织或者个人调解达成和解协议的,人民检察院要在审查其自愿性、合法性的基础上,主持制作和解协议书。

(三)审查和解的自愿性、合法性

从审查内容来看,根据《刑诉规则》第515条第1款的规定,人民检察院应当对和解的自愿性、合法性进行审查,重点审查以下内容:(1)双方当事人是否自愿和解;(2)犯罪嫌疑人是否真诚悔罪,是否向被害人赔礼道歉,经济赔偿数额与其所造成的损害和赔偿能力是否相适应;(3)被害人及其法定代理人或者近亲属是否明确表示对犯罪嫌疑人予以谅解;(4)是否符合法律规定;(5)是否损害国家、集体和社会公共利益或者他人的合法权益;(6)是否符合社会公德。

从审查方法来看,根据《刑诉规则》第515条第2款的规定,人民检察院对和解协议的自愿性、合法性予以审查,应当听取双方当事人和其他有关人员对和解的意见，告知刑事案件可能从宽处理的法律后果和双方的权利义务，并制作笔录附卷。

（四）主持制作和解协议书

根据《刑诉规则》第516条的规定，人民检察院经审查认为双方自愿和解，内容合法，且符合可以适用和解程序的范围和条件的，人民检察院应当主持制作和解协议书。

和解协议书的主要内容包括：（1）双方当事人的基本情况；（2）案件的主要事实；（3）犯罪嫌疑人真诚悔罪，承认自己所犯罪行，对指控的犯罪没有异议，向被害人赔偿损失、赔礼道歉等；赔偿损失的，应当写明赔偿的数额、履行的方式、期限等；（4）被害人及其法定代理人或者近亲属对犯罪嫌疑人予以谅解，并要求或者同意公安机关、人民检察院、人民法院对犯罪嫌疑人依法从宽处理。

和解协议书应当由双方当事人签字，可以写明和解协议书系在人民检察院主持下制作。检察人员不在当事人和解协议书上签字，也不加盖人民检察院印章。

和解协议书一式三份，双方当事人各持一份，另一份交人民检察院附卷备查。

根据《刑诉规则》第517条的规定，和解协议书约定的赔偿损失内容，应当在双方签署协议后立即履行，至迟在人民检察院作出从宽处理决定前履行。确实难以一次性履行的，在被害人同意并提供有效担保的情况下，也可以分期履行。

（五）作出决定

根据《刑诉规则》第519条的规定，人民检察院可以将当事人和解的情况作为有无社会危险性或者社会危险性大小的因素予以考虑，经审查认为不需要逮捕的，应当作出不批准逮捕的决定。①

【案例】 审查逮捕阶段的刑事和解

杨某涉嫌故意伤害案

公安机关认定的基本案情：

犯罪嫌疑人杨某，男，1976年7月25日出生，汉族，初中文化，住山西省某市某区，无业。

被害人范某，男，1970年3月18日出生，汉族，初中文化，无业，系犯罪嫌疑人杨某的邻居。

犯罪嫌疑人杨某与被害人范某两家因房产土地纠纷结怨多年。2011年2月21日17时许，范某在家门口持铁锹卸土垫路，杨某看见后阻止范某卸土，双方发生争吵。杨某顺手拿起垫路的铁锹，范某回家拿上铁叉，双方厮打在一起。杨某持铁锹将范某左臂打伤，经法医鉴定为轻伤。

侦查监督情况：

人民检察院经审查认为，该案事实清楚，证据确实充分，当事人双方在侦查期间调解未果，符合提请批准逮捕的条件。但在审查批捕期间，被害人与犯罪嫌疑人亲属先后到侦查监督部门要求进行调解。鉴于此，办案人员及时核实案情，进一步对案件当事人及所在村里的情况进行了认真详细的了解，发现范、杨两家的房产土地纠纷为往届村委的遗留问题，两家均属该村人口大户，两家的矛盾影响到整个村的和谐稳定。因此，从两家几十口人的和睦相处及该村的稳定出发，办案人员依据宽严相济刑事司法政策，对范、杨两家分别从法律角度、社会角度、家庭角度耐心说服，让他们双方认

---

① 《刑诉规则》第519条原文的表述为"可以"作出不批准逮捕的决定，但"经审查认为不需要逮捕的"说明无逮捕必要性，不符合逮捕的必要性条件，因此实际上是"应当"，而不是"可以"作出不批准逮捕的决定。

识到在该案中存在的过错，对此应承担的法律后果，同时向他们宣传构建和谐社会、和谐家庭的理念，最终两家自愿坐到一起协商，达成书面和解协议：杨某放弃房产土地使用权，主动赔偿范某各种损失3.9万元；范某向侦查监督部门表示对杨某予以谅解，同意对杨某从宽处理。鉴于该案属邻里纠纷引发的轻微刑事案件，且双方达成书面和解协议，具备从轻从宽的情节，人民检察院最终认定，犯罪嫌疑人杨某涉嫌故意伤害罪，但无逮捕必要，因此作出了不予批准逮捕决定。

【案例评析】

本案虽然发生于新刑事诉讼法实施之前，但即便以新刑事诉讼法对当事人和解的公诉案件诉讼程序的规定为标准，人民检察院的做法也是恰当的。

今后，对这种因邻里纠纷产生的轻伤害案件，在审查逮捕中要注意以下问题：

一是在受理案件后要注意审查其是否符合新刑事诉讼法和《刑诉规则》关于可以适用刑事和解的案件范围和条件的规定，符合规定的，要了解当事人双方是否有和解的意向，双方的诉求内容，并根据案件的性质、情节、证据等，评估达成和解的可能性。对可能和解的，可以建议双方当事人和解，并可向双方当事人进行释法说理，促成和解。但案件承办人应把握好自己的职能定位，不能越权代办，必须告知被害人和犯罪嫌疑人享有选择刑事和解的权利以及因此可能带来的法律后果，是否和解由双方当事人自行决定。二是对于双方当事人自愿和解，内容合法的，应主持制作和解协议书，但检察人员不应在和解协议书上签字，也不加盖人民检察院印章。三是最终究竟是否批准逮捕犯罪嫌疑人，仍要以是否符合逮捕条件为依据，但当事人达成和解协议的，可以作为有无逮捕必要的因素予以考虑，从当事人达成和解协议及相关的情况来看，不逮捕也不会发生危险性的，也即无逮捕必要的，应当作出不批准逮捕的决定。

二、刑事和解案件审查逮捕的处理

对于当事人可以和解的公诉案件,如果在审查逮捕阶段方达成和解协议的,如上文所述,根据《刑诉规则》第519条的规定,人民检察院可以将当事人和解的情况作为有无社会危险性或者社会危险性大小的因素予以考虑,经审查认为不需要逮捕的,应当作出不批准逮捕的决定。

如果公安机关提请批准逮捕时已经达成和解,并经公安机关主持制作了和解协议书,公安机关向人民检察院提出从宽处理建议的,根据《刑诉规则》第518条的规定,人民检察院在审查逮捕时应当充分考虑公安机关的建议。当然,即便公安机关已经主持制作了和解协议书,人民检察院也仍需对和解的自愿性和合法性予以审查,确属自愿、合法的,方能考虑公安机关从宽处理的建议。

【案例】刑事和解案件审查逮捕中应审查的重点问题

程某故意伤害案

公安机关认定的基本案情:

犯罪嫌疑人程某,男,1972年2月9日出生,汉族,小学文化,农民,山西省某县人,于2009年3月2日因涉嫌故意伤害罪被公安机关刑事拘留。

被害人闫某,男,1971年9月13日出生,汉族,小学文化,农民,与犯罪嫌疑人程某同住一村。

2009年2月4日22时许,被害人闫某等三人酒后回家途中,经过犯罪嫌疑人程某家大门口时,闫某从程某家院墙上取下两块砖摔在程某家大门口,程某与闫某发生争吵,后闫某等三人离去。当晚在村委会主任郭某家中,程某与闫某再次相遇,犯罪嫌疑人程某持砖将闫某头部砸伤。经鉴定闫某头部损伤属轻伤。

审查逮捕情况：

人民检察院经审查发现，犯罪嫌疑人程某平时与被害人并无矛盾，砸伤闫某是在酒后冲动下所为，有悔过之意。其亲属也多次与闫某协商，特别是在本村村委会的主持调解下，双方达成了和解协议，程某亲属愿意赔偿闫某医药费等损失共计2.5万元。侦查机关向人民检察院侦查监督部门提供了和解协议书、赔偿款收据、谅解书等材料，建议对程某从宽处理。

人民检察院审查监督部门对当事人双方达成的和解协议从以下几个方面进行了审查：

第一，双方当事人是否自愿、犯罪嫌疑人是否真诚悔罪。侦查监督部门对整个和解过程进行了审查，向主持调解的村委会进行了调查，了解了双方当事人在达成和解前、和解后的态度以及协议的履行情况，并记录在案。当面听取了当事人双方对和解的意见，告知了被害人刑事案件可能从轻处理的法律后果和双方的权利义务。

第二，经济赔偿数额与犯罪嫌疑人造成的损害是否相适应。从被害人的病历、诊治经过、康复及愈后情况等方面判断对被害人造成的损害，以此来分析犯罪嫌疑人的经济赔偿数额与其造成的损害是否适当。本案中犯罪嫌疑人程某亲属赔偿闫某医药费等损失共计2.5万元，审查发现被害人闫某头部损伤的住院治疗费用是1.8万元，再加上误工损失和护工费等费用，与加害方赔偿的数额相适应。

第三，被害人及其法定代理人或者近亲属是否明确表示对犯罪嫌疑人予以谅解。除审查双方当事人达成和解的协议书外，还审查了赔偿款收据、谅解书，一并作为刑事和解案件的证据采用。

第四，审查了和解协议是否违反国家法律的规定，是否损害国家利益、集体利益和他人的合法利益。

经审查，人民检察院认为，犯罪嫌疑人程某已涉嫌故意伤害罪，但该案系发生在邻里之间的轻微刑事案件，并且在村委会的调解下已达成和解协议，程某也履行了协议，得到了被害人的谅解，社会危害性不大，无逮捕必要，因此不予批准逮捕程某。

【案例评析】

本案为新刑事诉讼法实施之前的案例,当时的刑事诉讼法没有规定刑事和解程序,但已有一些相关的司法解释、部门规定及实践探索经验。根据当时的情况看,本案中,人民检察院的审查内容合理、处理结果正确。根据新刑事诉讼法和《刑诉规则》的规定来看,本案中,人民检察院的审查内容也是合理的。但是,由于新刑事诉讼法第278条规定,对于双方当事人自行和解的,公安机关、人民检察院、人民法院应当听取当事人和其他有关人员的意见,对和解的自愿性、合法性进行审查,并主持制作和解协议书。因此,如果本案发生在新刑事诉讼法实施之后,对于双方当事人经村委会调解达成和解的,公安机关也要在审查其自愿性、合法性的基础上主持制作和解协议书;公安机关没有主持制作和解协议书的,人民检察院在审查逮捕阶段应当主持制作和解协议书。

三、刑事和解案件不批准逮捕决定的撤销和逮捕措施的变更

(一) 不批准逮捕决定的撤销

根据《刑诉规则》第522条的规定,犯罪嫌疑人或者其亲友等以暴力、威胁、欺骗或者其他非法方法强迫、引诱被害人和解,或者在协议履行完毕之后威胁、报复被害人的,应当认定和解协议无效。已经作出不批准逮捕决定的,人民检察院根据案件情况可以撤销原决定,对犯罪嫌疑人批准逮捕。

(二) 逮捕措施的变更

如果是在人民检察院作出批准逮捕决定之后,当事人方达成和解的,尚在侦查阶段的,由公安机关主持制作和解协议书,并可将其作为有无继续羁押之必要性的因素予以考虑,对于无继续羁押之必要的,应当变更强制措施,并通知原批准的人民检察院。如已进入审查起诉阶段,则由人民检察院(公诉部门)主持制作和解协

议书，对于因达成和解协议而无继续羁押之必要的，应当变更强制措施。

四、刑事和解案件审查逮捕中应注意的问题

在刑事和解案件的审查逮捕中，应注意以下问题：

首先，应杜绝假借"和解"之名而行"花钱买刑"之实。刑事和解的前提条件是犯罪嫌疑人要真诚悔罪，经济赔偿只是真诚悔罪的表现之一。刑事和解的根本目的在于通过非刑罚化措施或者轻缓化的刑罚，修复被犯罪破坏的社会关系，维护社会秩序的和谐。真诚悔罪说明行为人的主观恶性减小，并缓解了双方的矛盾，消除了不和谐因素，符合刑事和解的目的。而如果没有真诚悔罪这一前提，单纯地想"花钱买刑"，将经济赔偿作为换取司法机关对自己"从宽处理"的筹码，从宽得多，就多赔偿，从宽得少，就少赔偿或者不赔偿，这是"花钱买刑"，而不是真诚悔过，对此种情形，不能适用刑事和解程序。

其次，要防止加害方通过不正当手段强迫或者引诱和解。司法实践中，有可能出现加害方通过暴力、威胁、欺骗或者其他非法方法强迫、引诱被害人和解，或者在协议履行完毕后威胁、报复被害人的情形。这种情形违反了当事人双方自愿这一基本前提，说明行为人没有真诚悔罪，不符合适用和解的条件。对于上述情形，不适用有关不批准逮捕的规定，对于已经作出不批准逮捕决定的，应当撤销原决定，依法对犯罪嫌疑人批准逮捕，行为人违法行为情节严重的，还要依法追究其法律责任。

最后，要防止办案人员利用刑事和解制度徇私舞弊、贪赃枉法。要加强对刑事和解案件审查逮捕工作的监督检查，发现违法违纪，情节轻微的，应当给予批评教育；情节严重的，根据有关规定给予组织处理或者纪律处分；构成犯罪的，依法追究刑事责任。

第八节　核准追诉

《刑诉规则》在"审查逮捕"一章中增加了"核准追诉"一节。所谓核准追诉是指,法定最高刑为无期徒刑、死刑的犯罪,已过 20 年追诉期限,仍然认为必须追诉的,须报请最高人民检察院核准。

一、报请核准追诉的条件

（一）报请核准追诉的案件范围

根据刑法第 87 条、第 88 条的规定,法定最高刑为无期徒刑、死刑的,经过 20 年,不再追诉。如果 20 年以后认为必须追诉的,须报最高人民检察院核准。在人民检察院、公安机关、国家安全机关立案侦查或者在人民法院受理以后,逃避侦查或者审判的,不受追诉期限的限制。被害人在追诉期限内提出控告,人民法院、人民检察院、公安机关应当立案而不予立案的,不受追诉期限的限制。

因此,报请核准追诉的案件首先要符合以下条件：一是法定最高刑为无期徒刑、死刑。二是经过 20 年。根据刑法第 89 条的规定,这一期限从犯罪之日起计算；犯罪行为有连续或者继续状态的,从犯罪行为终了之日起计算。在追诉期限内又犯罪的,前罪追诉的期限从犯后罪之日起计算。三是未经国家有关机关受理,被害人在追诉期限内也没有提出控告。

（二）报请核准追诉的条件

根据《刑诉规则》第 353 条的规定,对属于上述范围内的案件,只有同时符合下列条件,才能报请核准追诉：一是有证据证明存在犯罪事实,且犯罪事实是犯罪嫌疑人实施的；二是涉嫌犯罪的性质、情节和后果特别严重,虽然已过 20 年追诉期限,但社会危害性和影响依然存在,不追诉会严重影响社会稳定或者产生其他严重后果，而必须追诉；三犯罪嫌疑人能够及时到案接受追诉。

二、报请核准追诉和核准追诉的程序

(一) 报请核准追诉的程序

根据《刑诉规则》第354条的规定，侦查机关报请核准追诉的案件，由同级人民检察院受理并层报最高人民检察院审查决定。

根据《刑诉规则》第355条的规定，地方各级人民检察院对侦查机关报请核准追诉的案件，应当及时进行审查并开展必要的调查，经检察委员会审议提出是否同意核准追诉的意见，在受理案件后10日以内制作报请核准追诉案件报告书，连同案件材料一并层报最高人民检察院。

(二) 核准追诉的程序

根据《刑诉规则》第356条的规定，最高人民检察院收到省级人民检察院报送的报请核准追诉案件报告书及案件材料后，应当及时审查，必要时派人到案发地了解案件有关情况。经检察长批准或者检察委员会审议，应当在受理案件后1个月以内作出是否核准追诉的决定，特殊情况下可以延长15日，并制作核准追诉决定书或者不予核准追诉决定书，逐级下达最初受理案件的人民检察院，送达报请核准追诉的侦查机关。

根据《刑诉规则》第352条第3款的规定，未经最高人民检察院核准，不得对案件提起公诉。

(三) 报请核准追诉案件的审查逮捕

根据《刑诉规则》第352条的规定，须报请最高人民检察院核准追诉的案件，侦查机关在核准之前可以依法对犯罪嫌疑人采取强制措施。侦查机关报请核准追诉并提请逮捕犯罪嫌疑人，人民检察院经审查认为必须追诉而且符合法定逮捕条件的，可以依法批准逮捕，同时要求侦查机关在报请核准追诉期间不得停止对案件的侦查。

根据《刑诉规则》第357条的规定，对已经批准逮捕的案件，侦查羁押期限届满不能做出是否核准追诉决定的，应当对犯罪嫌疑人变更强制措施或者延长侦查羁押期限。

（四）报请核准追诉案件的侦查监督

根据《刑诉规则》第358条的规定，最高人民检察院决定核准追诉的案件，最初受理案件的人民检察院应当监督侦查机关的侦查工作。最高人民检察院决定不予核准追诉，侦查机关未及时撤销案件的，同级人民检察院应当予以监督纠正。犯罪嫌疑人在押的，应当立即释放。

第三章 刑事立案监督

第一节 刑事立案监督概述

一、刑事立案监督的概念

刑事立案监督是检察机关法律监督职能的重要组成部分，是法律赋予检察机关的一项重要职责，它与刑事侦查监督、刑事审判监督、刑事判决裁定监督、刑罚执行监督等共同构成了检察机关的刑事诉讼法律监督体系。

从广义来讲，刑事立案监督包括人民检察院对所有刑事立案主体的立案活动的监督。原刑事诉讼法第 86 条、新刑事诉讼法第 110 条规定："人民法院、人民检察院或者公安机关对于报案、控告、举报和自首的材料，应当按照管辖范围，迅速进行审查，认为有犯罪事实需要追究刑事责任的时候，应当立案；认为没有犯罪事实，或者犯罪事实显著轻微，不需要追究刑事责任的时候，不予立案，并且将不立案的原因通知控告人。控告人如果不服，可以申请复议。"也就是说，人民法院、人民检察院侦查部门和公安机关都有刑事立案的职权，都是刑事立案的主体，人民检察院作为国家法律监督机关，对这些刑事立案主体的刑事立案活动都有权予以监督。但从狭义来讲，刑事立案监督仅指公诉案件的立案监督，也即仅指人民检察院侦查监督部门对公安机关和人民检察院侦查部门立案活动的监督。刑事诉讼法仅就人民检察院对公安机关不立案活动的监督作出了规定，《刑诉规则》则就人民检察院侦查监督部门对公安机关、人民检察院侦查部门的立案或不立案活动的监督作出了较全面规定。

二、刑事立案监督的范围

检察机关刑事立案监督的范围主要包括以下几个方面：

第一，公安机关应当立案侦查而不立案侦查和不应当立案侦查而立案侦查的。刑事诉讼法第111条规定："人民检察院认为公安机关对应当立案侦查的案件而不立案侦查，或者被害人认为公安机关对应当立案侦查的案件而不立案侦查，向人民检察院提出的，人民检察院应当要求公安机关说明不立案理由。人民检察院认为公安机关不立案理由不能成立的，应当通知公安机关立案，公安机关接到通知后应当立案。"《刑诉规则》第552条规定："人民检察院依法对公安机关的刑事立案活动实施监督。"第553条第1款、第2款规定："被害人及其法定代理人、近亲属或者行政执法机关，认为公安机关对其控告或者移送的案件应当立案侦查而不立案侦查，或者当事人认为公安机关不应当立案而立案，向人民检察院提出的，人民检察院应当受理并进行审查。人民检察院发现公安机关可能存在应当立案侦查而不立案侦查情形的，应当依法进行审查。"

第二，人民检察院侦查部门应当立案侦查而不报请立案侦查或者不应当立案侦查而立案侦查的。《刑诉规则》第563条规定："人民检察院侦查监督部门或者公诉部门发现本院侦查部门对应立案侦查的案件不报请立案侦查或者对不应当立案侦查的案件进行立案侦查的，应当建议侦查部门报请立案侦查或者撤销案件；建议不被采纳的，应当报请检察长决定。"

第三，行政执法机关应当将涉嫌犯罪案件移送公安机关或人民检察院立案侦查而不移送的。《刑诉规则》第553条第3款规定："人民检察院接到控告、举报或者发现行政执法机关不移送涉嫌犯罪案件的，应当向行政执法机关提出检察意见，要求其按照管辖规定向公安机关或者人民检察院移送涉嫌犯罪案件。"国务院《行政执法机关移送涉嫌犯罪案件的规定》第14条规定："行政执法机关移送涉嫌犯罪案件，应当接受人民检察院和监察机关依法实施的监督。"

人民检察院在刑事立案监督工作中，要准确把握刑事立案监督的范围，注意以下几个方面的问题：

第一，要明确刑事立案监督的宗旨。刑事立案监督的宗旨就是为了解决有案不立、有罪不究、以罚代刑、违法立案等问题，解决人民群众告状无门的问题，保护当事人的合法权益，保障刑事立案活动的合法性，保障国家法律的统一正确实施。因此，人民检察院在刑事立案监督工作中，必须认真接待被害人、犯罪嫌疑人的申诉，对被害人、犯罪嫌疑人的投诉要认真审查，及时要求公安机关说明不立案或者立案理由。同时，注意主动挖掘案源，从审查批准逮捕、审查起诉、查办贪污贿赂和渎职侵权犯罪案件以及监所检察工作中发现案件线索。

第二，要划清"没立案"和"不立案"的界限。"没立案"是指公安机关没有发现或者虽然已经发现，但是正在审查，还没有作出是否立案决定的案件。"不立案"是指公安机关对发现的案件线索或者报案、控告、举报和自首的材料，经审查决定不立案的案件。根据我国刑事诉讼法的规定，公安机关没有发现或者还没有决定不立案的案件不属于刑事立案监督的内容。其中，如果是公安机关还没有发现的案件，检察机关发现后，如果属于公安机关管辖，则应当按照刑事诉讼法第108条的规定，移送到公安机关办理。只有公安机关决定不立案的案件，才能按照刑事立案监督程序来办理。当然也要注意防止刑事立案主体以"没立案"假象掩盖"不立案"事实的行为。

第三，要明确刑事立案监督与侦查活动监督的界限。刑事立案监督解决的是符合刑事诉讼法规定的立案条件的案件能否进入刑事诉讼程序问题，以及不符合刑事诉讼法规定的立案条件的案件违法进入刑事诉讼程序的问题。其根本目的是保障立案活动的合法性。而侦查活动监督针对的是已经进入刑事诉讼程序的案件，解决的是立案后的侦查活动是否合法的问题。其根本目的是保障侦查活动的合法性。因此，对于已经进入刑事诉讼程序的案件，检察机关经审查，认为需要追捕、追诉的，不宜通过刑事立案监督程序办理，而应当建议公安机关移送审查批准逮捕或者移送审查起诉。对于经建议仍不移送审查批准逮捕而又符合逮捕条件的,可以直接作出批准逮捕决定,送达公安机关执行。此外,公安机关对刑事案件立而不查、久拖不决、遗漏犯罪嫌疑人或罪行等情况,也属侦查监督范围,不属于刑事立案监督的范围。

第二节 刑事立案监督的内容

依据新刑事诉讼法和《刑诉规则》的规定,刑事立案监督的内容主要包括如下两个方面:一是应当立案侦查而不立案侦查的;二是不应当立案侦查而立案侦查的。

一、应当立案侦查而不立案侦查的情形

根据刑事诉讼法第110条的规定,人民法院、人民检察院或者公安机关对于报案、控告、举报和自首的材料,应当按照管辖范围,迅速进行审查,认为有犯罪事实需要追究刑事责任的时候,应当立案。实践中,应当立案而不立案主要有以下情形:

(一) 不破不立

所谓"不破不立",是指侦查机关(部门)对案情复杂、一时难以侦破的案件不立案,待破了案再补办立案手续。对于此种情形,检察机关应当通过立案监督程序予以纠正。

【案例】 对不破不立的立案监督

李某等人抢劫案

基本案情:

2006年9月29日到2006年10月15日,李某、马某、宋某三人先后持刀、木棍在326省道抢劫过往大货车14次,共抢劫现金

1900 余元，手机 3 部。

立案监督情况：

2006 年 10 月，检察机关收到关于公安机关对上述事实应当立案而没有立案的反映后，派员到公安机关调查，发现公安机关有接警记录、出警记录，却没有立案决定书，根据公安机关已掌握的材料，已达到立案条件，但由于当时未破案，所以不立案。为此，检察机关向公安机关发出《说明不立案理由通知书》，要求其说明理由，公安机关在接到通知书后，很快立了案。后法院以抢劫罪判处马某有期徒刑 12 年，李某有期徒刑 5 年，宋某有期徒刑 13 年。

【案例评析】

该案提示我们，公安机关为图政绩，追求高的破案率，而客观上警力不足、侦查手段相对落后，因此对一些侦破难度大的案件，往往采取不破不立的做法，破了案、抓获了犯罪嫌疑人，才补充立案决定书等法律文书。这种现象严重损害了立案程序的严肃性，也是重实体轻程序的具体表现，应当予以监督和纠正。

(二) 侦查机关（部门）怠于履行职责而不立案

这种情形是指侦查机关（部门）对符合法定立案条件的案件怠于履行职责，故意不予以立案。对于此种情形，检察机关应当通过立案监督程序予以纠正。

【案例】对侦查机关（部门）怠于履行职责不立案的立案监督

田某、杨某故意杀人案

基本案情：

田某、杨某二人为表兄妹，1994 年冬，田某与杨某的丈夫刘某合伙养车并暂住在刘家，期间，田、杨二人发生了不正当男女关系。1995 年农历正月初三，被害人刘某因觉察田、杨二人可能有不正当男女关系而与杨某发生吵闹并打了杨,杨某即对刘某怀恨在心。此后,田、杨二人为达到共同生活的目的开始密谋寻机害死刘某。1995年农历正月的一天,田某在发动车时假装踩不住刹车故意将刘某撞倒在地,致刘某胳膊受伤。在刘某养伤期间,田、杨二人又先后给刘某服用熬糊的中药、投入鼠药的中药、加入安眠药粉的胶囊等方法欲害死刘某,但未得逞。1995年3月的一天晚上,经再次密谋,杨、田先骗刘某服下加入安眠药粉的胶囊,致刘某昏迷后,二人即将刘某的红腰带套在刘某颈部并一人拽一头合力将刘某勒死。当晚,田某驾车,与杨某一起将刘某的尸体扔到圪针沟内。之后杨、田办理了结婚登记手续并带着杨的两个孩子潜逃至吉林省长春市,直至2003年被抓获。

立案监督情况:

控告人刘某某报案,爱子离奇失踪,两个孙子被儿媳带走去向不明。公安机关经审查,认为没有证据证明有犯罪事实发生,决定不立案。后刘某某向检察机关反映,检察机关认真审查了刘某某提供的控告书、诉状等,通过询问控告人、询问证人、提取了相关书证、缜密核实相关证据后发现该案存在几处疑问:其一,1995年3月16日,刘某突然失踪。刘某当时因被田某发动汽车时挤断右胳膊致骨折,伤重未愈的情况下突然去向不明,存在重大疑点;其二,刘某伤重未愈突然失踪,作为妻子的杨某未予积极寻找,不合常理;其三,同年7月,杨某、田某携带刘的一儿一女外出不知去向;其四,杨某与田某于1995年7月30日办理了结婚手续,刘某下落不明,杨某与田某此时办理结婚,存在重大疑点。故此,检察机关遂向公安机关发出《说明不立案理由通知书》、《通知立案书》。公安机关立案侦查后起诉至法院,法院以故意杀人罪,判处田某死刑,剥夺政治权利终身,判处杨某死刑,缓期2年执行,剥夺政治权利终身。

【案例评析】

本案中,检察机关的立案监督使一起杀人命案得以侦破。可见,检察机关的立案监督对避免公安机关消极办案发挥了重要作用。

（三）错误认为不构成犯罪而不立案

这种情形是指侦查机关（部门）错误地认为相关事实不构成犯罪，因此不予立案。对于此种情形，检察机关应当检察机关应当通过立案监督程序予以纠正。

【案例】对侦查机关（部门）错误认为不构成犯罪而不立案的立案监督

曹某寻衅滋事案

基本案情：

1992年1月，犯罪嫌疑人曹某因犯盗窃罪被判刑7年，怀疑系本村村民张某举报，对张某怀恨在心，1997年刑满释放后，两次对张某进行辱骂、殴打。

1997年10月，曹某租用本村村民曹甲三间房屋开饭店，议定租金一年6000元，仅付曹甲1000元，便占用该房屋进行经营。事后，曹甲多次向其索要剩余租金未果。1998年5月，曹某借曹甲不想让其继续租房之机将价值约500元的家具，以3800元的高价强行留给了曹甲。

1999年3月，曹某之弟曹乙（另案处理）用刀将本村村民曹丙砍伤住院，曹丙妻子郎某到派出所报了案。同年4月，曹某碰见郎某，嫌其报案，对郎某进行殴打。曹丙出院后，曹某带其两个弟弟闯入曹丙参加的群众代表会场，对曹丙进行谩骂、威胁，使代表会无法进行。

2000年4月，村民曹丁用自己的农用车给市不孕不育医院施工工地拉土，曹某见后无故阻拦，并用砖块将曹丁农用车上玻璃砸碎，致曹丁脸部被划伤。

2000年8月，曹某先后两次砸坏本村井房门锁，并将私自为他人开井浇地的电费796元占为己有，且其本人拖欠该组水电费

1300 余元。

2000 年 11 月，曹某赊欠本村村民曹戊油漆款 280 元，数月后，曹戊到曹家索要欠款时，曹某拒不给付，反而对曹戊进行殴打。

2001 年 4 月，曹某无故阻拦朱某给市不孕不育医院拉土，并用铁锹将朱某的农用车两侧玻璃砸碎，朱某与其争辩，曹某便对朱某进行殴打。

立案监督情况：

公安机关认为，曹某虽多次殴打他人、损坏或占用公私财务，但其行为未造成致人轻、重伤的后果，或者财产损失较小，不构成犯罪，不予立案。检察机关接到举报后，认为曹的行为涉嫌寻衅滋事罪，向公安机关发出《说明不立案理由通知书》，公安机关于当日作出了不立案理由说明，检察机关认为理由不成立，遂向公安机关发出《立案通知书》，公安机关立案侦查。后曹某被一审法院判处有期徒刑 5 年。

【案例评析】

刑事立案监督的根本目的之一，就是要解决人民群众尤其是被害人告状无门的问题。本案就是群众反映情况后，公安机关只认为是一般性的民事纠纷，没有重视，没有当成一件刑事案件对待。而检察机关介入后，通过刑事立案监督程序，督促公安机关立案，最终将犯罪分子绳之于法，保障了一方平安。

（四）以罚代刑而不立案

这种情形是指公安机关对应当作为刑事案件立案侦查的案件不予立案，而以行政处罚代替刑事追究。对于此种情形，检察机关应当通过立案监督程序予以纠正。

【案例】 对公安机关以罚代刑的立案监督

王某、张某强奸、抢劫案

基本案情:

2002年1月6日晚,王某、张甲、张乙、刘某、朱某等五人在"恒利饭店"吃饭期间,张甲、刘某、朱某先后与该饭店女服务员孔某发生了性关系,孔某得款150元。后王某随孔某进行入孔某的房间,与孔某商量价格未成即返至饭厅,当张乙进入宿舍与孔某商量价格时,王某也进入宿舍,对孔某进行殴打,张乙也以"今天晚上弄死你"等语言相威胁,后王某与张乙先后强行对孔某施以奸淫。事后,王某在离开时,以"给什么钱哩?把我那俩伙计给你的钱拿来"相威胁,孔某被迫将150元人民币交给了王某。王某、张乙走后,孔某即向公安机关报了案。派出所调查后,以卖淫嫖娼为由对孔某、朱某、张甲、张乙、刘某、王某作出了警告并罚款1000元的治安处罚。

立案监督情况:

2003年12月,检察机关到派出所检查治安处罚案件时,发现王某涉嫌强奸、抢劫犯罪,张乙涉嫌强奸犯罪。调取该案卷宗后,先后对孔某、王某、张乙进行了询问核实。之后向公安机关发出了《要求说明不立案理由通知书》。公安机关答复称,王某、张乙虽然有殴打的行为和威胁的言语,但当时并未违背孔某的意愿,因此二人的行为不构成强奸罪,事后,王某索钱时,并无非法占有的故意,也未使用暴力及其他威胁性的手段,因此王某的行为不构成抢劫罪。检察机关认为公安机关的不立案理由不成立,遂向公安机关发出《通知立案书》,公安机关立案侦查。后法院对王、张均作出了有罪判决。

【案例评析】

该案例说明,检察机关主动出击,对公安机关治安处罚案件进行执法检查,是发现公安机关以罚代刑的有效途径,也是强化立案监督的有效途径。

(五) 消极管辖而不立案

这种情形是指侦查机关（部门）对符合立案条件的案件推卸管辖权，主要发生在地区管辖冲突中。对于此种情形，检察机关也应当通过立案监督程序予以纠正。

【案例】 对管辖不明案件的立案监督

某区故意杀人案

基本案情：

A市B区一辆出租车在开往邻市C市D区的途中失踪，司机可能被杀害。B区和D区的公安机关都不履行立案管辖义务。

立案监督情况：

B区检察机关向B区公安机关发出《说明不立案理由通知书》，B区公安机关答复说案件不是发生在B区境内，B区公安机关无权管辖。检察机关认为该理由不能成立，因为本案件具有流窜作案的特点，究竟犯罪行为和危害结果发生在哪里，在没有明确查清之前，只要怀疑司机遭到抢劫或杀害，B区公安机关就应当立案侦查。随后B区检察机关向B区公安机关发出《通知立案书》，要求其立案侦查。B区公安机关立案后，通过上级公安机关的协调，取得D区公安机关的积极配合和支持，B区检察机关将立案监督情况书面函告D区检察机关，希望D区检察机关能够与D区警方一起，对B市警方侦查予以支持。这样，两地警检协调合作，最终使得这起抢劫杀人案件成功告破。

【案例评析】

对于管辖不明而相关侦查机关均不立案的案件，检察机关要充分发挥法律监督的作用，做好立案监督工作，并通过上级协调、地区合作等途径形成合力，共同发挥作用，促使案件尽快侦破，防止案件因管辖不明而延误最佳的破案时机。

(六) 其他情形

实践中常见的侦查机关（部门）应当立案而不立案的情形还包括以下几种情形：

一是侦查人员徇私舞弊，徇情枉法，有案不立的。个别办案人员抵御不住来自上级的压力、亲朋好友的说情以及金钱、美色的诱惑，徇私舞弊，甘愿充当犯罪分子的保护伞，对应当作刑事立案的案件，不及时调取犯罪证据或压着不办，造成案件久拖不立。如对重大伤害案件，擅自对双方当事人进行调解处理；对强奸案件，利用被害人担心名誉受损的畏惧心理，逼迫被害人委屈接受赔偿金，最终使案件不了了之等。对于这些情形，检察机关均应启动刑事立案监督程序。

二是人民法院已经作出生效判决的共同犯罪案件中，检察机关发现对部分共同犯罪嫌疑人应当立案侦查而公安机关未立案侦查的。共同犯罪案件的犯罪嫌疑人，一般应当并案处理。但在司法实践中，由于种种原因，确实存在部分被告人已被判决有罪，其余共同犯罪嫌疑人公安机关应当立案侦查而未立案侦查的情形，对于此种情况，检察机关应当通过刑事立案监督程序启动一个新的案件。

三是人民检察院发现正在被执行刑罚的罪犯，在判决宣告以前还有其他犯罪，公安机关应当立案侦查而未立案侦查的。

四是应当由人民法院直接受理的被害人有证据证明的轻微刑事案件，因证据不足驳回自诉或人民法院认为被告人可能判处3年以上有期徒刑，移交公安机关受理，公安机关应当立案侦查而不立案侦查的。

五是行政执法机关以罚代刑的。由于行政执法机关调查取证的措施相对较弱，致使有的行政执法部门在执法中无法界定行为人是否构成犯罪，导致案件只能就现有证据进行行政处罚；某些行政执法部门片面追求经济效益，对于发生在自己管辖范围内的刑事案件，不移交公安机关立案侦查，一罚了之。另外，不排除行政执法中徇私枉法情形的存在。对于这类情形,检察机关应当监督行政执法机关向公安机关移送涉嫌犯罪案件。

二、不应当立案侦查而立案侦查的情形

根据刑事诉讼法第110条的规定,人民法院、人民检察院或者公安机关对于报案、控告、举报和自首的材料,认为没有犯罪事实,或者犯罪事实显著轻微,不需要追究刑事责任的时候,不予立案,并且将不立案的原因通知控告人。也就是说,对于没有犯罪事实或者犯罪事实显著轻微,不需要追究刑事责任的情形,不应当立案。实践中,不应当立案而立案主要包括以下几种情形:

(一)不构成犯罪而立案的

不构成犯罪,也即没有犯罪事实发生,当然不应当立案。不构成犯罪而立案的,检察机关应当通过立案监督程序予以纠正。

不构成犯罪而立案的原因有很多,主要包括:一是对犯罪性质或犯罪构成要件的理解有误;二是办案人员违法动用刑事手段插手民事、经济纠纷;三是办案人员利用立案实施报复陷害、敲诈勒索以及谋取其他非法利益。

【案例一】对不构成犯罪而立案的情形予以立案监督

赵某、张某涉嫌抢劫案

基本案情:

2006年12月17日下午,赵某、张某等人驾驶奥拓微型车,因超车,被一辆货车甩了一下,赵某遂让张某开车追上该货车,借口与该车相会时使其受了惊吓,对货车司机进行恐吓,要求货车司机付给其"惊吓费"。货车司机被迫交给赵某现金50元后,赵某等人离去。

立案监督情况：

检察机关对案卷材料进行了认真审查，对涉案的两名犯罪嫌疑人进行了讯问，综合分析后，认为犯罪嫌疑人赵某主观上不具有抢劫故意，其所实施的向他人索要钱财的行为属于一般的敲诈勒索行为，不宜以犯罪论处；犯罪嫌疑人张某主观上无抢劫故意，客观上未实施任何行为，不构成犯罪。因此，本案不应当作为刑事案件立案侦查。经检察长批准，依法向公安机关发出了《纠正违法通知书》，公安机关作出了撤销案件的决定。

【案例评析】

本案因公安机关没有从犯罪的四个构成要件全面分析案情，导致错误立案，检察机关监督撤案，避免了一起错案。

【案例二】 对不构成犯罪而立案的情形予以监督

蒋某故意杀人（未遂）案

基本案情：

蒋某因工作和生活上的不顺心怪罪于单位同事王某，2003年某日，蒋某得知王某要来其办公室检查其工作后，便到库房拿一把铁锤，趁王某不备，举起铁锤向王某打去。王某用手挡住，铁锤打在王某手臂上，王某用手抓住铁锤，朝蒋某裤裆踢了一脚，这时旁边的人将蒋某制服。王某的伤情经鉴定为轻微伤。公安机关遂以故意杀人为由将蒋某刑事拘留并报捕。

立案监督情况：

检察机关经审查认为，蒋某故意杀人的主观故意证据不足，应属故意伤害行为，但情节显著轻微，不构成故意伤害罪。故向公安机关发出《纠正违法通知书》建议撤案，公安机关接通知书后将本案作撤案处理。

【案例评析】

本案由于公安机关的定性错误，使不应当被追究刑事责任的人被刑事立案，检察机关通过行使刑事立案监督权，避免了错案的发生。

（二）犯罪事实显著轻微不需要追究刑事责任而立案的

犯罪事实显著轻微，不需要追究刑事责任的情形，是指某行为符合犯罪构成的要件，但情节显著轻微，不需要追究刑事责任，这种情形也属于不应当立案侦查的情形，对于此种情形立案，检察机关也应当通过立案监督程序予以纠正。

（三）超越职能管辖范围而立案的

例如对公安机关就专属于人民法院管辖的告诉才处理的自诉案件立案侦查的、对专属于检察机关管辖的国家工作人员职务犯罪案件立案侦查的等情形，检察机关也应该通过立案监督予以纠正。

（四）其他情形

实践中，还存在其他一些不应立案而立案的情形，例如对犯罪已过追诉时效期限、犯罪嫌疑人死亡或其他法律规定免予追究刑事责任等不应当或不需要追究刑事责任的情形立案的，检察机关均应启动立案监督程序，对于确实不符合立案条件的，应监督侦查机关（部门）撤销案件。

此外，实践中还存在一种常见的做法，即公安机关在刑事立案之后发现不够刑事处罚的，即转作治安处罚或劳动教养。对这种情况也应当予以监督，督促公安机关撤销刑事立案。

第三节 刑事立案监督的程序和方法

一、刑事立案监督线索的来源和受理

立案监督的线索来源是人民检察院行使立案监督权的起点和基础，是决定刑事立案监督工作开展好与坏的关键因素。在实践中，

一些检察机关能够卓有成效地开展刑事立案监督工作,很重要的原因就是案件线索来源的形式多样、渠道畅通。实践中,刑事立案监督的线索来源主要来源于受理控告申诉、检察机关自行发现、行政执法机关建议、人大、党委交办等渠道。

(一)受理控告申诉

1. 被害人及其法定代理人、近亲属的控告申诉

被害人是指其合法权益遭受犯罪行为直接侵害的人。被害人往往是和犯罪分子有直接接触的人,所以对犯罪有较为直接和全面的了解,将被害人的控告申诉作为检察机关刑事立案监督的线索来源具有十分重要的意义。被害人死亡,或者为限制行为能力、无行为能力人,或者因其他原因而无法亲自、独立控告申诉的,其法定代理人、近亲属的控告申诉也是检察机关刑事立案监督的重要线索来源。根据刑事诉讼法和《刑诉规则》的规定,被害人及其法定代理人、近亲属认为公安机关对其控告的案件应当立案侦查而不立案侦查,向人民检察院提出的,人民检察院应当受理并进行审查。

【案例】对被害人的申诉要认真审查

聂某抢劫案

基本案情:

犯罪嫌疑人聂某,男,1981年12月24日出生,汉族,小学文化,农民。

2002年4月9日上午,某镇村民阳某(在逃)打电话给犯罪嫌疑人聂某,要聂冒充朱某的亲戚向刘某"讨债"。犯罪嫌疑人聂某与"继伢吉"(在逃)一同来到该镇,后者指认了一"面的"车主刘某。犯罪嫌疑人聂某即以租刘某的车去外地为名,把刘某骗出。当刘某驾车行至途中,聂某叫谢甲、谢乙、林某一同上车。车行到一偏僻地段,犯罪嫌疑人聂某喊刘某停车,随后冒充朱某的亲

威，向刘某索讨朱某以前出具给刘某的 6000 元欠条，刘某回答此款已与朱某讲好的。犯罪嫌疑人聂某及谢甲、谢乙、林某即对刘某进行殴打，迫使其写一张 4000 元的欠条，又扣押刘某的汽车、手机，尔后，犯罪嫌疑人聂某要林某跟刘某去取款，到某镇时，刘某将林某扭送至派出所。犯罪嫌疑人聂某等人得知事情败露，将车开到某乡地段，向刘某家里打了电话后即逃跑，手机至今未追回。

立案监督情况：

公安机关对林某予以刑事拘留，但随后取保候审，案件久拖不决。被害人刘某不服，多次控告。2002 年 9 月 16 日，被害人刘某到县人民检察院控告，称公安机关对聂某等人抢劫一案该立不立，请求检察机关立案监督。县人民检察院经初步调查认为：犯罪嫌疑人聂某、林某、谢甲、谢乙的行为均已涉嫌抢劫罪，属于应该立案而不立案的范围，当日即向县公安局发出《要求说明不立案理由通知书》。公安机关未在规定的 7 日时间内向检察机关说明不立案理由，因此，2002 年 9 月 24 日县人民检察院向县公安局发出了《通知立案书》，同年 10 月 10 日县公安局立案侦查。2002 年 10 月 16 日，犯罪嫌疑人聂某因涉嫌抢劫罪，被县公安局刑事拘留。同年 11 月 16 日，经县人民检察院批准逮捕（林某、谢甲、谢乙三人均批捕在逃）。2003 年 1 月 18 日，县人民检察院以被告人聂某的行为涉嫌抢劫罪，向县人民法院提起公诉。同年 3 月 12 日，县法院经开庭审理认为，被告人聂某的行为已构成抢劫罪，判处其有期徒刑 3 年，并处罚金 3000 元。

【案例评析】

立案监督程序的确立进一步完善了检察机关法律监督的职权，同时也为权利受到侵犯的人民群众提供了一条新的司法救济途径。人民检察院对于被害人要求立案监督的案件应当认真审查，符合立案监督条件的应当按立案监督的程序予以监督。

2. 犯罪嫌疑人及其法定代理人、近亲属的控告申诉

根据《刑诉规则》第 553 条的规定，当事人认为公安机关不应当立案而立案，向人民检察院提出的，人民检察院应当受理并进

行审查。实践中，错误立案的监督线索最主要的来源是被害人及其近亲属、法定代理人或其委托的律师的控告申诉，对于此类控告申诉要认真进行审查，确属不应当立案而立案的，要严格按照立案监督程序予以监督。

3. 人民群众的举报

人民群众的举报包括对犯罪行为或犯罪人的举报和对侦查机关立案情况的举报。人民群众的举报也是检察机关刑事立案监督的重要线索来源之一。通过充分宣传，发动群众举报，接待来信来访，听取群众呼声获取的立案监督线索非常广泛，能够有效拓宽立案监督线索来源。

（二）检察机关自行发现

1. 通过办案发现

在审查逮捕过程中加强对案件细节的审查是发现立案监督案件线索的重要途径。在办理审查逮捕案件过程中，一是通过审查案卷，重点审查负案在逃、转劳教、教育释放、治安处罚同案人和另案处理等情况，来发现立案监督的线索；二是在讯问犯罪嫌疑人时从其供述中获取立案监督的线索。

【案例】 办案中应注意发现立案监督线索

柳某贩卖毒品案

基本案情：

犯罪嫌疑人柳某，男，1970年12月18日出生，汉族，初中文化，无业。1991年因犯流氓罪被判处有期徒刑1年，缓刑2年，2001年1月因犯故意伤害罪、敲诈勒索罪被判处有期徒刑2年，2001年5月12日刑满释放。

2002年5月22日，犯罪嫌疑人刘某欲去某地购买毒品海洛因后转卖牟利，邀犯罪嫌疑人柳某试"货"，以区别毒品质量的好坏，柳某同意。次日凌晨，两犯罪嫌疑人到达某市，刘某与当地毒贩取得联系，毒贩送来1克海洛因，由柳某试"货"后，表示毒品质量尚可，刘某随后付款1.8万元，从毒贩手中购得海洛因126克。刘某、柳某二犯罪嫌疑人在乘车返回途中被公安干警抓获，当场搜出海洛因126克。

此外，自2001年9月至2002年4月，犯罪嫌疑人刘某多次以每克260元左右的价格贩卖海洛因给犯罪嫌疑人柳某，柳某购毒后，又以每克400余元和600余元的价格将海洛因贩卖给吸毒人员陈某、段某等人，柳某邀犯罪嫌疑人郭某为其送"货"给吸毒者，郭某共为柳某送货2.7克。

立案监督情况：

2002年5月13日，某县人民检察院受理了县公安局提请批准逮捕犯罪嫌疑人龙某涉嫌贩卖毒品罪一案，该院在审查时发现柳某有贩卖毒品的犯罪事实。次日，县人民检察院即建议公安机关立案侦查，公安机关以未抓获柳某，正在进行立案前调查为由，答复了未立案理由。与此同时，县人民检察院办案人员又将当年2月份以来收集的吸贩毒人员严某、吴某、段某、曹某等人交待在柳某处购买海洛因的材料集中审查，确认足以证实柳某涉嫌贩卖毒品罪的事实存在。2002年5月17日，县人民检察院向县公安局发出《要求说明不立案理由通知书》，县公安局接通知后于5月24日立案侦查，并于当晚将伙同犯罪嫌疑人刘某从广州购得海洛因126克的柳某抓获。2002年6月12日，县人民检察院以涉嫌贩卖毒品罪批准逮捕犯罪嫌疑人柳某。2002年10月21日，市人民检察院将此案提起公诉。2002年11月12日，市中级人民法院以被告人柳某犯贩卖毒品罪判处无期徒刑，剥夺政治权利终身，并处没收财产1万元。同时判处同案被告人刘某无期徒刑，剥夺政治权利终身，并处没收财产1万元；被告人郭某有期徒刑2年，并处罚金2000元。

【案例评析】

本案由于当时仅有柳某零星贩卖毒品的线索，未引起公安机关的足够重视。当检察机关口头建议其立案侦查时，其以未抓获柳某为由，未予立案。刑法第 347 条第 1 款规定："走私、贩卖、运输、制造毒品，无论数量多少，都应当追究刑事责任，予以刑事处罚。"同时，原刑事诉讼法第 83 条、新刑事诉讼法第 107 条规定："公安机关或者人民检察院发现犯罪事实或者犯罪嫌疑人，应当按照管辖范围，立案侦查。"据此，检察机关将证明柳某涉嫌贩卖毒品的证据进行综合审查，认为符合立案条件，遂书面通知公安机关说明不立案理由，从而引起侦查机关的重视，并立案侦查。通过检察机关的立案监督，侦破了一起重大毒品犯罪案件。

本案的成功之处，一是在于检察机关在审查逮捕过程中，不放过案件的任何疑点。在公安机关报捕的龙某案件中，龙某仅供述柳某可能涉嫌贩毒犯罪，但并无任何时间、地点、对象、情节的交待。正因如此，公安机关对此线索未予重视，而检察机关在审查批捕过程中充分注意了这一细节。二是对同类案的综合审查。为了掌握柳某涉嫌犯罪的证据，检察机关根据柳某在当地作案，应当在其他案件中有所体现的情况，加强了对本地发生的同类毒品案件的分析，通过分析，把零散的线索具体化、系统化，从而获取了柳某贩毒的具体证据，成功地办理了这起立案监督案件。

本案说明，检察机关在审查逮捕过程中自行发现是刑事立案监督线索的重要来源，在审查逮捕中要注意严查细审，发现有无该立案而不立案或不应立案而立案的情形，有针对性地开展立案监督工作。

2. 通过提前介入引导侦查发现

提前介入引导侦查是检察机关通过介入侦查，主动地参与公安机关侦查活动的一项创新性的工作机制。在提前介入引导侦查的过程中，检察机关一方面协助指导侦查，另一方面对于侦查程序进行法律监督，对侦查过程中的违法行为进行监督。尽管引导侦查的初衷不是为了展开立案监督，但却是开展立案监督工作的途径之一。对于该过程中发现的应当立案侦查而公安机关或者其他依法享有侦查权的机关没有立案侦查的，或者不应当立案侦查而有关机关立案的，应按照立案监督程序予以监督。

3. 通过对公安机关刑事受案、立案、破案情况登记或者对劳动教养等行政处罚案件进行审查发现

人民检察院通过对公安机关刑事受案、立案、破案环节的监督，可以有效地发现并纠正公安机关有案不立、不破不立等问题，全面保证公安机关刑事立案活动依法进行。同时，实践表明，有案不立、以罚代刑的主要表现就是把刑事案件作为行政违法案件处理，致使部分刑事案件应当立案而公安机关不予立案。因此，注意审查劳动教养、行政拘留等行政处罚案件，从中发现公安机关应当立案而不立案案件，同样是刑事立案监督线索的重要来源。

【案例】通过对侦查机关执法情况的检查发现立案监督线索

黄某容留、介绍卖淫案

基本案情：

犯罪嫌疑人黄某，女，1963年9月27日出生，汉族，初中文化，某县氮肥厂下岗职工。

1999年9月至2000年11月8日，犯罪嫌疑人黄某在自家开办的酒楼内，容留、介绍刘某、吴某、刘甲、魏某等妇女从事卖淫活动。她采取的手段一般是：客人来吃饭，安排刘某等人陪，有时放一些黄色录像给客人看，顾客中有人提出嫖娼，刘某等卖淫女就到黄某手中拿钥匙进入207房间，在207房间洗完"鸳鸯浴"后，到房间内床上发生性关系。完事后，嫖客付卖淫女50—100元不等的"小费"。黄某收取20—50元不等的"台费（介绍容留费）"，共计牟取非法利益6000余元。

立案监督情况：

2000年11月8日，县公安局某派出所在犯罪嫌疑人黄某家里抓获嫖客、卖淫女数名，并对卖淫女刘某、吴某、刘甲，嫖客汤某、廖某、阳某、邹某、陈某、刘乙等人的卖淫嫖娼行为作为一般治安案件处理，分别给予了3000—8000元不等的治安罚款。2003

年6月，县人民检察院在对公安机关的取保候审、撤案案件及治安案件调卷审查时发现：犯罪嫌疑人黄某向卖淫女、嫖客收取20—50元不等的台费，涉嫌介绍、容留卖淫罪，遂于2003年6月10日要求公安机关说明不立案理由。公安机关于2003年6月13日对犯罪嫌疑人黄某立案侦查。2003年6月10日，县公安局对犯罪嫌疑人黄某提请批准逮捕，县人民检察院于2003年6月14日以涉嫌容留、介绍卖淫罪批准逮捕。2003年11月6日，县人民检察院以介绍、容留卖淫罪对被告人黄某提起公诉。2003年12月15日，县人民法院判决被告人黄某犯介绍、容留卖淫罪成立，判处有期徒刑3年。

【案例评析】

案源渠道不畅是当前立案监督工作薄弱的一个重要原因，也是难点之一。如何拓宽案源渠道，是开展立案监督工作的重要环节。实践表明，通过对公安机关的执法情况予以定期检查，是发现立案监督线索的重要渠道。

4. 通过媒体报道和街谈巷议发现

媒体报道和群众的街谈巷议都有可能包含立案监督的线索，检察机关工作人员要有随时发现立案监督线索的意识，关注新闻媒体的报道和群众的议论，保持高度的工作敏感性，从中发现立案监督的线索。

5. 检察机关其他内设部门移送、上级检察机关交办、下级检察机关报送

检察机关按照法律规定和业务分工的需要，内部分别设置了承担不同具体职能的机构，分别承办侦查、审查逮捕、审查起诉等业务。除侦查监督部门外还有控告申诉检察部门（含举报中心）、反贪污贿赂部门、渎职侵权检察部门、公诉部门、监所检察部门、民事行政检察部门、检察技术部门等。这些检察机关的内设部门都承担着打击犯罪、追究犯罪的职责，但又各有分工，分别承担相应的具体职责。各部门在履行其具体职责的时候，发现有犯罪需要追究，而公安机关或者本院的侦查部门没有立案侦查的，或者不应当

立案，而公安机关或者本院侦查部门立案侦查的，应当将相关的情况移送给承担立案监督职能的侦查监督部门，由侦查监督部门予以立案监督。此外，上级检察机关发现立案监督线索，也可交下级检察机关办理，下级检察机关发现立案监督线索，也可向上级检察机关报告。

（三）行政执法机关建议

国务院法制办、中央纪委、最高人民法院、最高人民检察院、公安部、国家安全部、司法部、人力资源社会保障部《关于加强行政执法与刑事司法衔接工作的意见》规定，公安机关不受理行政执法机关移送的案件，或者未在法定期限内作出立案或者不予立案决定的，行政执法机关可以建议人民检察院进行立案监督；对公安机关不予立案的复议决定仍有异议的，可以建议人民检察院进行立案监督；对公安机关立案后作出撤销案件决定有异议的，可以建议人民检察院进行立案监督。人民检察院对行政执法机关提出的立案监督建议，应当依法受理并进行审查。《刑诉规则》第553条也有相应规定，根据该条规定，行政执法机关认为公安机关对其移送的案件应当立案侦查而不立案侦查，向人民检察院提出的，人民检察院应当受理并进行审查。可见，行政执法机关的建议和反映也是检察机关立案监督的重要线索来源。

（四）党委、人大等交办

党委、人大接到申诉、控告、群众反映等，可能交检察机关处理，这也是立案监督线索的重要来源。通过加强内外联系、建立监督网络，与人大、信访等部门加强信息沟通，参与社会治安综合治理等方法，都可以从中发现刑事立案监督案件的线索。

二、刑事立案监督案件的审查

人民检察院侦查监督部门和控告申诉检察部门接到刑事立案监督线索并受理之后，需要对其受理的刑事立案监督案件依法进行审查。对刑事立案监督案件的审查是在受理的基础上进行筛选区分的过程,是根据刑事诉讼法、《刑诉规则》对案件线索进行甄别的过程,为进一步开展刑事立案监督工作做好了准备。在检察实务中,根据立案监督线索来源不同,审查的内容与重点也有所不同。

(一)对被害人等认为侦查机关(部门)应当立案侦查而不立案侦查的案件的审查

根据刑事诉讼法和《刑诉规则》的规定,人民检察院在受理被害人等提出的公安机关应当立案而不立案侦查案件后,应当由控告申诉检察部门指定专人进行审查。审查的主要内容一般包括以下几个方面:一是是否存在应当立案侦查而侦查机关(部门)不立案侦查的事实;二是是否符合刑事诉讼法规定的刑事立案条件;三是是否属于相应的侦查机关(部门)管辖;四是侦查机关(部门)是否立案。

人民检察院控告申诉检察部门在审查时,可以要求控告人、申诉人提供有关材料,如认为侦查机关(部门)应当立案的事实证据材料,侦查机关(部门)不立案的有关证据材料。必要时可以进行调查。人民检察院控告申诉检察部门经审查,认为应当要求侦查机关(部门)说明不立案理由的,应当将案件移送侦查监督部门办理。

(二)对犯罪嫌疑人等认为侦查机关(部门)不应当立案而立案的案件的审查

犯罪嫌疑人申诉的主要是认为侦查机关(部门)不应当立案侦查而立案侦查的案件。对于这类案件,也应当由人民检察院控告申诉检察部门受理并指派专人负责审查,审查的内容主要为:一是侦查机关据以决定立案的事实是否存在,即是否存在犯罪事实;二是犯罪事实如果存在,是否为犯罪嫌疑人所为;三是是否需要追究犯罪嫌疑人的刑事责任。人民检察院控告申诉检察部门经过审查,认为存在违法情况应当纠正的,应当将案件移送侦查监督部门办理。

(三) 对人民检察院自行发现的刑事立案监督案件的审查

人民检察院侦查监督部门发现的以及其他部门发现后移送到侦查监督部门的侦查机关（部门）应当立案侦查而不立案侦查案件和侦查机关不应当立案侦查而立案侦查的案件，应当由侦查监督部门进行审查。侦查监督部门可以调查核实有关证据材料。审查的重点与上述两种情况的审查重点相同。对于人民检察院侦查部门应当立案侦查而不报请立案侦查的案件，审查的内容主要包括：一是是否存在应当立案侦查的犯罪事实或者犯罪嫌疑人；二是是否符合刑事诉讼法规定的立案条件；三是是否属于本院管辖；四是是否属于不报请立案侦查的情形。

(四) 对以其他途径发现的刑事立案监督案件的审查

对于以其他途径发现的刑事立案监督案件，应区别不同的情形，参照上述审查内容和重点进行审查，并根据审查的结果作不同的处理。

【案例一】 是否符合法定的立案条件是立案监督审查的关键

陈某贩卖毒品案

基本案情：

犯罪嫌疑人陈某，男，1976年8月6日出生，汉族，小学文化，农民。1997年12月10日因故意伤害罪被判处有期徒刑1年11个月。

2002年10月至2003年5月，犯罪嫌疑人陈某先后数次在自己家中贩卖近万元毒品（海洛因）给某园艺场的吸毒者李某。2003年4月26日，犯罪嫌疑人陈某在自己家中贩卖了800元毒品海洛因给在某县城吸毒的贵州人黄某。2003年4月26日至29日，犯罪嫌疑人陈某先后7次将700元毒品海洛因贩卖给在某县城吸毒的贵州人杨某。2003年上半年，犯罪嫌疑人陈某先后5次将450元的毒品海洛因贩卖给某林场吸毒者金某。2003年上半年，犯罪嫌疑人陈某先后5次将450元的毒品海洛因贩卖给吸毒者唐某和肖某。综上，犯罪嫌疑人陈某自2002年10月至2003年5月，先后多次向吸毒人员贩卖毒品海洛因，得赃款1.2万余元。

立案监督情况：

2003年5月14日，某县人民检察院在办理县公安局提请批准逮捕的犯罪嫌疑人佘某、朱某涉嫌贩卖毒品案中，发现吸毒人员肖某、黎某等人交待听说其他几个吸毒人员曾在陈某手中买过毒品，但案卷材料中没有对涉案的几个吸毒人员进行讯问。检察机关即围绕佘某交待出的吸毒人员展开调查。经讯问吸毒人员岳某，岳某交待他只在佘某手上买过毒品，但听说李某曾在陈某手中买过毒品。检察机关即对李某进行调查，李某承认他于2002年10月至2003年5月先后数次在陈某手中购买了近万元的毒品。至此，检察机关掌握了陈某涉嫌贩卖毒品的犯罪事实。遂于2003年5月20日向县公安局发出《要求说明不立案理由通知书》，要求县公安局对陈某涉嫌贩卖毒品一案说明不立案理由，公安局接通知后于5月20日书面说明理由：因涉毒案件的特殊性，故未将陈某立案。检察机关认为公安机关的不立案理由不能成立，即通知公安局立案，县公安局于2003年5月26日对陈某涉嫌贩卖毒品案立案侦查。2003年5月26日，犯罪嫌疑人陈某被县公安局刑事拘留，并于同年6月22日经检察机关批准对陈某予以逮捕；2003年9月10日，县人民检察院以被告人陈某涉嫌贩卖毒品罪提起公诉。2003年12月15日，县人民法院以被告人陈某犯贩卖毒品罪，判处其有期徒刑3年，并处罚金3000元。

【案例评析】

本案被告人陈某涉嫌贩卖毒品，应当由公安机关立案侦查。对陈某不予立案只能是两种情形：一是陈某没有贩卖毒品的犯罪事实；二是对陈某不需要追究刑事责任。显然陈某不符合上述两种法定的不立案情形。根据案卷材料反映,陈某不但有贩卖毒品的犯罪行为,而且有证据证明他曾多次贩卖,属于刑法规定的"情节严重"的行为,必须追究其刑事责任,属于法定的应当立案的范围。公安机关在接到《要求说明不立案理由通知书》后,应当依照法律规定的立案条件和不立案情形来说明不立案理由,本案中公安机关笼统地以"涉毒案件的特殊性"作为不立案理由,显然不能成立。

【案例二】行为是否构成犯罪和是否需要追究刑事责任是立案监督审查的关键

汪某、罗某故意伤害案

基本案情:

犯罪嫌疑人汪某,男,1969年9月11日出生,汉族,初中文化,农民。犯罪嫌疑人罗某,男,1970年3月26日出生,汉族,小学文化,农民。

1996年2月9日下午,犯罪嫌疑人汪某在本村村民罗某家玩时,用脚将傅某绊了一下,为此双方发生争执扭打。傅某不服,回家拿了两把菜刀欲找汪某打斗,被人劝阻。傅某便跑到汪某家将其家一台17寸黑白电视机打坏。汪某、罗某及其家人持木棍追打傅某。罗某持木棍朝其肩部打了一棍。尔后,汪某及家人到傅某家报复打坏其家玻璃、水缸等物。当天下午5时许,傅某在其妻胡某陪同下找汪某评理,汪某、罗某持木棒对傅某进行殴打,并用脚踢其腹部,致傅腹腔内脏器穿孔,经法医鉴定为重伤。

立案监督情况:

该案案发后,该县公安局即派干警到现场进行了调查,认为此案致人重伤的具体责任不清,只有具体致人重伤的行为人才能追究刑事责任,因此,决定不予立案,仅要求汪某、罗某赔偿了傅某医药费。2002年6月4日，县人民检察院接到被害人傅某的控告材料后，调阅了公安机关调查的材料，认为汪某、罗某致傅某重伤，两人均应对故意伤害所造成的后果负责，公安机关不立案不正确，遂向县公安局发出了《说明不立案理由通知书》。该县公安局接到通知书后，认为对该案应当立案侦查，即于同年6月5日立案侦查。2002年6月9日，县公安局以涉嫌故意伤害罪提请检察机关批准逮捕汪某、罗某。县人民检察院于同年6月12日批准逮捕。2002年7月30日县人民检察院对两被告人提起公诉。2002年8月14日，县人民法院以故意伤害罪判处汪某有期徒刑3年，罗某有期徒刑3年，缓刑3年。

【案例评析】

本案是一起因民事纠纷引起的共同故意伤害他人致人重伤的犯罪案件。共同犯罪人对共同犯罪结果如何归责，是公安机关不立案和检察机关通知立案分歧的焦点。检察机关向公安局发出《说明不立案理由通知书》前，对案件事实和证据进行了认真的审查，并对所涉及的法律问题进行了深入的分析研究。经审查认为：汪某、罗某因与傅某发生纠纷，虽然事前两人并未通谋对傅某实施伤害行为，但在傅某找上门时，两人合力对傅某进行殴打，在此过程中产生了对傅某实施伤害的共同故意，且在客观上均对傅某实施了持木棒殴打、拳打脚踢的故意伤害行为，造成了傅某重伤的损害结果。因此，汪某、罗某的行为属于共同犯罪（简单共犯）。根据共犯的归责原则，各共同犯罪人不仅对自己实行的犯罪行为直接造成的结果负责，并且应对共同实行的犯罪行为造成的后果整体负责。

是否进行刑事立案监督，应以刑法关于犯罪的标准和刑事诉讼法关于立案的标准为依据。凡是某一具体行为构成犯罪，依法应当追究刑事责任，而侦查机关没有立案侦查的，或者某一行为未构成犯罪而侦查机关立案侦查的，检察机关就应当进行立案监督。

【案例三】行为的严重性是否达到刑法的可罚程度是立案监督审查的重要内容

赵某非法侵入住宅案

基本案情：

犯罪嫌疑人赵某，男，54岁，汉族，小学文化，农民。

2002年3月27日9时许，赵某以其子赵甲被赵乙打伤，讨要医药费为名，与其妻胡某、儿子赵甲闯入赵乙家，此时赵乙家无人在家，赵某便趁机打烂赵乙家几只碗，又拿一只塑料瓢给胡某，要胡拉尿泼到赵乙家堂屋的"神台"上，自己在堂屋里拿了铁桶到赵乙家厕所舀了十几桶大粪泼到赵乙家的卧室、厨房、堂屋、饭锅等处，致使赵乙家无法居住，在当地造成极坏的影响。

立案监督情况：

2002年4月20日，某县人民检察院接到被害人赵乙要求追究赵某刑事责任的控告材料。经审查，县人民检察院认为赵某的行为涉嫌非法侵入他人住宅罪，应追究刑事责任，遂于2002年6月27日，向公安机关发出《要求说明不立案理由通知书》。2002年7月4日公安机关说明不立案理由：赵某的行为情节显著轻微，不构成犯罪。对此，县人民检察院深入案发地，核实了被害人反映的情况，认为赵某侵犯他人住宅，已达到情节严重的程度，已涉嫌非法侵入他人住宅罪，遂于同年7月6日向公安机关发出了《通知立案书》，公安机关接通知后立案侦查。2002年9月4日，赵某涉嫌非法侵入住宅罪，经县人民检察院批准逮捕。2002年10月22日，县人民检察院以非法侵入住宅罪向县人民法院提起公诉。2002年11月21日，县人民法院以非法侵入住宅罪判处赵某拘役3个月。

【案例评析】

此类案件是"民转刑"的案件，在现实生活当中经常发生。住宅安全权是公民的一项基本人权，依法受到法律的保护，侵犯公民住宅，情节严重的，可构成犯罪。刑法第245条第1款规定：

"非法搜查他人身体、住宅,或者非法侵入他人住宅的,处三年以下有期徒刑或者拘役。"本案中,通过检察机关的立案监督,使被告人依法得到了严惩,保护了被害人的合法权益,发挥了刑法的警示作用和引导作用,维护了法律的尊严,得到了社会各界和人民群众的一致好评,体现了良好的法律效果和社会效果。

【案例四】 对行为性质的认定是立案监督审查中的难点

周某、王某抢劫案

基本案情:

犯罪嫌疑人周某,男,1974年10月28日出生,汉族,高中文化,农民。犯罪嫌疑人王某,男,1982年11月17日出生,汉族,初中文化,工人。

2001年11月27日晚6时许,犯罪嫌疑人周某纠集犯罪嫌疑人王某,以广东人陈某搅了他的装修业务为由,预谋从陈某那里搞点钱用,并由王某纠集王甲(在逃),于当晚8时30分,三人窜至某市长江北路加油站附近,由周某打电话约来陈某后,三人围住陈某对其拳打脚踢,并说:"你搞得我们没事做,怎么办?"陈某被迫拿出600元现金。事后,周某、王某各分得100元,其余款被挥霍。

立案监督情况:

某区公安分局接到被害人陈某报案后,经调查认为周某、王某的行为是敲诈勒索他人财物,于2002年2月3日对二人作出了治安拘留15日的决定。2003年3月,区人民检察院接到群众提供的线索后,即到区公安分局调阅了周某、王某的案卷材料,审查后认为周某、王某以非法占有他人财物为目的,对被害人当场进行暴力殴打、当场劫得现金600元的行为是抢劫行为,仅对二人作治安拘留15日的处罚是错误的。遂于同年3月13日向区公安分局发出了《要求说明不立案理由通知书》,该局接到通知书后于同月15日撤销了对二人的治安处罚决定,以涉嫌抢劫罪立案侦查。2003年3月26日,区公安分局以涉嫌抢劫罪对周某、王某提请批准逮捕,同年4月1日区人民检察院批准逮捕。同年5月9日,区人民检察院对两被告人提起公诉。2003年5月19日,区人民法院以抢劫罪判处周某、王某各有期徒刑3年,并处罚金1000元。

【案例评析】

本案的关键,是要严格区分抢劫罪与敲诈勒索罪的界限。由于抢劫罪与敲诈勒索罪相比,有更大的社会危害性,所以,我国刑法对抢劫罪与敲诈勒索罪作了不同的规定。除了量刑标准不同以外,我国刑法对抢劫罪实际劫得财物的多少未作规定,只要实施了抢劫行为,就构成抢劫犯罪。而对敲诈勒索罪规定了数额要求,要求达到"数额较大"的标准。根据2000年4月28日最高人民法院《关于敲诈勒索罪数额认定标准问题的规定》,敲诈勒索公私财物"数额较大",以1000元至3000元为立案起点。公安机关认为周某、王某的行为属于敲诈,没有达到数额较大的起点,因而作了治安处罚。通过本案可以看出,对行为性质的准确认定是立案监督审查的重要内容。

三、刑事立案监督案件的调查

刑事立案监督调查,是指人民检察院受理刑事立案监督案件线索后,经审查,认为有必要时,对公安机关是否存在应当立案侦查而不立案侦查,或者不应当立案而立案侦查的事实,对人民检察院侦查部门是否存在应当报请立案侦查而不报请立案侦查或者对不应当立案侦查的案件进行立案侦查的事实进行的调查、核实有关证据材料的活动。刑事立案监督调查,可以在受理刑事立案监督案件线索后,要求公安机关说明不立案理由之前进行,也可以在审查公安机关说明的不立案理由时或者在通知公安机关立案前进行。刑事立案监督的调查是为了查明案件是否应当进入刑事诉讼程序,是否合法进入了刑事诉讼程序,是为了保证刑事立案活动正确、合法。刑事立案监督的调查不具有强制性,不得剥夺或者限制当事人人身自由或者采取其他针对人身、财产权利的强制性侦查措施。

人民检察院侦查监督部门进行刑事立案监督案件的调查活动，应当依照刑事诉讼法、《刑诉规则》及最高人民检察院、公安部《关于刑事立案监督有关问题的规定（试行）》的规定，可以采取以下方法进行：

1. 询问办案人员或有关当事人等。即对办案人员或有关当事人、举报人、证人等就是否存在公安机关应当立案侦查而不立案侦查或者不应当立案侦查而立案侦查的事实和情况，或是否存在人民检察院侦查部门应当报请立案而不报请立案或者不应当立案而立案的事实和情况进行了解核实。由于被害人、犯罪嫌疑人对是否存在犯罪掌握着较为真实的证据材料，而且对公安机关的立案决定存在异议，往往有一定的事实依据，因此，检察机关可以对被害人、犯罪嫌疑人以及其他了解事实情况的举报人、证人等进行询问，以全面客观地发现相关的有罪或无罪的证据材料。

2. 调取和审查有关的书面材料。人民检察院在审查和调查公安机关应当立案侦查而不立案侦查或者不应当立案侦查而立案侦查的案件时，可以要求公安机关送交其据以不立案或者立案的书面材料，并进行审查。在审查和调查本院侦查部门应当报请立案而不报请立案或不应立案而立案的案件时，人民检察院侦查监督部门也可以要求侦查部门送交有关的书面材料，并进行审查。侦查监督部门调阅侦查机关的案卷材料，应当由承办人制作《调卷函》，并报检察长批准。

3. 勘验、检查。人民检察院在调查刑事立案监督的案件过程中，认为有必要，可以对与犯罪有关的场所、物品、尸体等进行勘察和检验，对与犯罪有关的人身进行检查，以发现和收集证明应当立案或者不应当立案的事实的证据。

4. 鉴定。人民检察院在对刑事立案监督案件的调查过程中，对于有关的专门问题，可以委托具备专业知识、具有鉴定资格的人员进行分析和鉴别。

刑事立案监督案件的调查与侦查不同，具体来说：首先，主体不同。根据刑事诉讼法的规定，有刑事侦查权的国家机关包括公安机关、国家安全机关、人民检察院侦查部门、军队保卫部门、监狱侦查部门、海关缉私部门、铁路侦查部门等，而对立案监督案件有调查权的仅为人民检察院。其次，性质不同。侦查是指享有侦查权的国家机关在刑事诉讼过程中，依照法律进行的专门调查工作和有关的强制性措施。侦查是一种专门的刑事诉讼活动。刑事立案监督的调查则不属于专门的诉讼活动，而是一种在立案前或者不当立案后的了解和查证的活动，只针对立案或不立案活动本身是否合法进行调查。再次，直接目的的不同。侦查的目的是为了收集证据，查明犯罪事实和查获犯罪嫌疑人，为追查和惩罚犯罪提供可靠的根据。刑事立案监督调查的目的则是为了查明案件是否应当立案或者不立案，保证刑事诉讼活动的正确合法开展。最后，可以采用的方法不同。侦查可以依照刑事诉讼法的规定采取对人的强制措施和对物的强制性措施。刑事立案监督的调查则不能使用强制措施和强制性措施，而只能采取任意性的调查措施。

人民检察院侦查监督部门经过调查之后，对刑事立案监督案件应当作出相应的判断，对于符合管辖和立案监督条件的，即可发出要求说明立案理由通知书或不立案理由通知书、通知立案书或通知撤销案件书；不符合管辖、立案监督条件的，侦查监督部门应回复控告申诉部门、答复控告申诉人，并做好说明工作。

【案例一】 对立案监督线索的调查是启动立案监督的必要手段

刘某、龙某故意伤害案

基本案情：

犯罪嫌疑人刘某，男，33岁，系某市某乡建筑公司项目经理。犯罪嫌疑人龙某，男，32岁，个体经营户。1992年6月，因流氓罪被判处有期徒刑6年，1994年11月18日被提前释放。

刘某、龙某多次在某学院集贸市场一带勒索财物,寻衅滋事。1994年底,在该集贸市场摆鱼摊的被害人刘乙购买了一辆摩托车。刘某得知后,要刘乙把摩托车借给他骑几天,被刘乙拒绝。刘某因此怀恨在心。1994年12月10日,刘某伙同龙某再次来到刘乙鱼摊前,提出要借摩托车,刘乙说:"车子我随时要用,你们要去哪里我送你们去吧。"刘某说:"上一次找你借车,你也不干。"龙某趁机挑唆说:"刘某,别人都叫你刘'炮',我看你没有一点本事。"刘某即冲上去打了刘乙两个耳光,叫道:"小杂种,跪下。"刘乙被迫跪在地上,刘某和龙某随即对他的胸部、头部一顿拳打脚踢,踢得刘乙在地上打滚。踢了一阵以后,龙某将鱼池内的水放干,强迫刘乙将鱼池内的活鱼扔到地上,用菜刀将鱼一条条砍死,刘乙不同意,龙某就在附近的一家服装门面边上,拿了一根粗把拖把,对着刘乙的头部、背部及全身各部位一阵猛击,刘某也在一边用脚对刘乙猛踢,龙某用拖把打了一阵后,刘某又接过拖把往刘乙身上打了一顿,一直到把拖把打断。刘乙被打倒在地不能动弹,龙某、刘某才住手离开现场。刘乙的伤情经法医鉴定为:系钝器致使颅脑外伤、左脑膜外血肿、精神障碍,构成二级伤残。

立案监督情况:

刘乙被打伤后,其父亲刘甲当天向某派出所报案,但刘某和龙某当时没有被抓获。1995年6月,某派出所将刘某抓获,交区公安分局刑侦队处理,但对刘乙的法医鉴定迟迟没有结果,被害人就诊时的头部CT检查报告也被丢失。此时,刘某的家属到刘乙家求情,表示愿意付赔偿金保刘某出来。刑侦队收取了刘某家属4000元保证金后,将刘某取保候审。1998年8月17日,乡政府司法办对刘某、龙某将刘乙打成重伤一案作调解处理,商定刘某、龙某赔偿刘乙4.5万元,于1998年1月30日前付清,但龙某、刘某赔偿一部分损失后,余下的1.73万元一直未付清。

1999年1月12日,刘甲用担架抬着刘乙到市人民检察院上访,反映刘乙被他人打伤后精神失常,生活不能自理,而打人凶手一直未作处理,市人民检察院认为本案可能存在该立案而不立案的情形，把此案交由某区人民检察院办理。

某区人民检察院受理后，因案件的发生时间已经过去4年，找不到当时的案卷材料以及被害人入院时的检查报告，许多证据已经灭失。为查清案情，人民检察院办案人员多次深入案发现场，走访有关群众。仅为查清刘某、龙某作案时使用拖把的来源，办案人员四次到案发地调查。经过深入细致的工作，终于找到了多名现场目击证人，获取多份证人证言，掌握了案件基本事实，并委托法医鉴定机构对被害人刘乙作出了法医鉴定，鉴定结论为重伤，认为刘某、龙某已涉嫌故意伤害罪，应当追究刑事责任。1999年1月25日，区人民检察院向区公安分局发出《要求说明不立案理由通知书》。区公安分局接通知书后即立案侦查，同年4月8日将刘某、龙某抓捕归案。1999年5月10日，市公安局将此案移送市人民检察院审查批准逮捕，市人民检察院办案人员复核了有关证据，依法批准逮捕。1999年8月16日，市人民检察院以故意伤害罪依法将被告人刘某、龙某向市中级人民法院提起公诉。1999年12月10日，市中级人民法院经审理认为，被告人刘某、龙某故意伤害他人身体，致人伤残，情节特别恶劣，依法判处两被告人死刑，剥夺政治权利终身。

【案例评析】

本案是一起很典型的刑事立案监督案件。刘某、龙某故意伤害他人，致人伤残，是一起重大的刑事案件，本应依法立案侦查，但由于案发时犯罪嫌疑人在逃，基层司法行政人员违法调解等原因，致使该案最终不了了之。通过检察机关立案监督，使被告人依法得到了严惩，保护了被害人的合法权益，维护了法律的尊严，收到了良好的社会效果和法律效果。

从本案的成功办理，我们可以看出，检察机关获取线索后，要认真进行审查，不是每一条线索都具有价值，但对每一条线索都要认真分析、核对，甄别出有价值的线索并确立调查的重点，只有经过调查才能确定是否应当启动立案监督程序。需要注意的是，线索材料和调查材料必须经过侦查机关固定，合理转化后才能作为证据使用。

【案例二】 必要的调查是立案监督案件质量的保证

熊某故意伤害案

基本案情:

犯罪嫌疑人熊某,男,1966年10月17日出生,汉族,小学文化,农民。

2000年7月2日,犯罪嫌疑人熊某的母亲刘某带孙子去熊某的妹妹家。2000年7月3日晚8时许,熊某见母亲刘某没有在约定的时间回家,心中不满,跑到其妹妹家,以蛮横的态度令其母第二天回家,并扬言"不回去就准备棺材"。熊某的妹妹对熊某的言行很气愤,便斥责其兄,熊某在盛怒之下顺手提一把木背椅朝其母亲刘某头部和上身猛击两下,将刘某当场打倒在地。熊某还要用木背椅继续殴打其母亲时,被妹夫陈某拦住,熊某放下木背椅后,又持锄头去殴打其母,再次被陈某拦住,熊某便将陈某家堂屋内的竹方桌桌面用锄头砸烂,然后丢下锄头气冲冲地离开。刘某被送往医院抢救,次日,经抢救无效死亡。7月4日下午2时许,熊某回家发现母亲刘某的尸体安放在自家堂屋里时,顿时大怒,抓住其母尸体的两条腿,将尸体倒拖到禾场里,因遭到亲友的谴责,才勉强同意将刘某的尸体抬回堂屋里安放。

立案监督过程:

熊某于2000年7月3日用木椅猛击其母刘某致死,公安机关未作处理。接到举报后,县人民检察院认为案情重大,决定对此案进行监督,于同年7月27日向县公安局发出《要求说明不立案理由通知书》,同时组成由分管检察长牵头、侦查监督干警为主的专案小组,深入案发地进行现场勘查,提取证据,走访知情群众,了解详细案情,并将相关证据资料移送县公安机关。在县人民检察院监督下,县公安局于2000年8月1日对熊某涉嫌故意伤害一案进行立案侦查。2000年8月31日,经县人民检察院批准,次日由县公安局对熊某执行逮捕,2001年3月18日移送市人民检察院提起公诉。2001年4月27日由市中级人民法院以故意伤害罪，依法判处熊某死刑，剥夺政治权利终身。

【案例评析】

本案是一起明显的应当立案侦查而没有立案侦查的案件。侦查机关在接到人民群众举报后，侦查敏锐性不强，从而造成案件该立不立。县人民检察院依法开展立案监督，进行了一系列卓有成效的调查工作，取得了证明熊某故意伤害刘某的证据材料，保证了立案监督案件的质量，使被告人受到了法律的惩处，打击了犯罪，严惩了凶手，维护了法律的尊严。

四、刑事立案监督案件审查后的处理

根据刑事诉讼法、《刑诉规则》、《关于刑事立案监督有关问题的规定（试行）》的有关规定，人民检察院在受理刑事立案监督案件后，经审查和调查，应当依法作出相应的处理。

（一）对公安机关应当立案侦查而不立案侦查案件审查后的处理

人民检察院对于公安机关应当立案侦查而不立案侦查的线索进行审查后，应当根据不同情况分别作出处理：没有犯罪事实发生或者犯罪情节显著轻微不需要追究刑事责任，或者具有其他依法不追究刑事责任情形的，及时答复投诉人或者行政执法机关；不属于被投诉的公安机关管辖的，应当将有管辖权的机关告知投诉人或者行政执法机关，并建议向该机关控告或者移送；公安机关尚未作出不予立案决定的，移送公安机关处理；有犯罪事实需要追究刑事责任，属于被投诉的公安机关管辖，且公安机关已作出不立案决定的，经检察长批准，应当要求公安机关书面说明不立案理由。

对于应当要求公安机关书面说明不立案理由的案件，侦查监督部门经检察长批准后，由承办人制作《要求说明不立案理由通知书》送达侦查机关，要求侦查机关在7日内书面说明不立案的理由。侦查机关收到《要求说明不立案理由通知书》后，认为确属应当立案侦查而不立案侦查的，应当立即办理立案手续，并在立案的同时将《立案决定书》的复印件送交侦查监督部门；认为不应当立案侦查的，应当作出书面说明，客观反映不立案的情况、依据和理由，连同有关证据材料复印件回复人民检察院。侦查监督部门收到侦查机关不立案理由说明后，应当认真审查，认为不立案理由不能成立的，经检察长决定，重大或者疑难、复杂的案件，由检察长提交检察委员会讨论决定，向侦查机关发出《通知立案书》。侦查机关当在收到《立案通知书》后 15 日内立案侦查，并将《立案决定书》的复印件送交侦查监督部门。

经审查，认为公安机关不立案理由成立，侦查监督部门则应报经检察长同意后作结案处理。对于被害人控告、申诉或行政执法机关反映的案件，经审查认为公安机关不立案理由成立的，人民检察院侦查监督部门应当通知控告申诉部门，由控告申诉部门在 10 日内将不立案的理由和根据告知被害人及其法定代理人、近亲属或者行政执法机关。

（二）对公安机关不应当立案侦查而立案侦查案件审查后的处理

人民检察院侦查监督部门经过调查、核实有关证据材料，对于有证据证明公安机关可能存在违法动用刑事手段插手民事、经济纠纷，或者办案人员利用立案实施报复陷害、敲诈勒索以及谋取其他非法利益等违法立案情形，尚未提请批准逮捕或者移送审查起诉的，经检察长批准，应当要求公安机关书面说明立案理由。

对于要求公安机关书面说明立案理由的案件，侦查监督部门经检察长批准后，由承办人制作《要求说明立案理由通知书》送达侦查机关，要求侦查机关在 7 日内书面说明立案的理由。侦查机关收到《要求说明立案理由通知书》后，认为确属不应当立案侦查而立案侦查的，应当主动撤销案件，并将《撤销案件决定书》复印件及时送达人民检察院。

公安机关认为符合立案条件的，应当在收到《要求说明立案理由通知书》后 7 日以内作出书面说明，客观反映立案的情况、依据和理由，连同有关证据材料复印件回复人民检察院。人民检察院经调查核实，认为公安机关立案理由不成立的，经检察长或者检察委员会决定，应当通知公安机关撤销案件。人民检察院通知公安机关撤销案件的，承办人应当制作《通知撤销案件书》，说明依据和理由，连同证据材料移送公安机关。公安机关在收到《通知撤销案件书》没有异议的应当立即撤销案件，并将《撤销案件决定书》复印件及时送达人民检察院。

公安机关认为人民检察院撤销案件通知有错误的，应当在5日以内经县级以上公安机关负责人批准，要求同级人民检察院复议。人民检察院应当重新审查，在收到《要求复议意见书》和案卷材料后7日以内作出是否变更的决定，并通知公安机关。公安机关不接受人民检察院复议决定的，应当在5日以内经县级以上公安机关负责人批准，提请上一级人民检察院复核。上级人民检察院应当在收到《提请复核意见书》和案卷材料后15日以内作出是否变更的决定，通知下级人民检察院和公安机关执行。上级人民检察院复核认为撤销案件通知有错误的，下级人民检察院应当立即纠正；上级人民检察院复核认为撤销案件通知正确的，应当作出复核决定并送达下级公安机关，下级公安机关应当立即撤销案件，并将《撤销案件决定书》复印件及时送达同级人民检察院。

应当说明的是，对于对公安机关不应当立案而立案侦查案件的监督，主要是指在公安机关移送审查逮捕前或者直接移送审查起诉前发现的案件。如果公安机关对于此类案件已经移送审查批准逮捕或者直接移送起诉，或者经提出纠正意见仍不纠正，继续提请审查批准逮捕或者直接移送审查起诉的，人民检察院则应当通过不批准逮捕或者不起诉手段予以解决。

【案例一】 发出《要求说明不立案理由通知书》是立案监督的必经程序

陈某故意杀人案

基本案情：

犯罪嫌疑人陈某，男，57岁，汉族，小学文化，农民。

1995年1月29日，某村村民邓甲、邓乙到本乡村民陈某家索讨4年前为陈某的涵洞工程务工的工钱。陈某认为工程未完工，加之工程款也未算清，便告诉邓甲等人暂时没有钱付。邓甲等见陈某屡屡有意拖债，便提出没钱付工钱就用财物作抵押，邓乙即去搬陈家的电视机，与陈的儿子陈甲发生争吵扭打。陈某见状气愤至极，从现场抄了把菜刀朝邓甲砍去，当即将邓甲腹部砍伤，造成小肠和腹膜动脉多处断裂大出血死亡。陈甲见其父砍伤人后，不但不予制止，反而持耙子追打前来索要债务的其他债主。陈某二儿子陈乙（批捕在逃）出其不意从腰间抽出杀猪尖刀朝邓乙腹部捅去，致使邓乙腹部大出血死亡。陈某一家在人们抢救死、伤者混乱中仓皇畏罪潜逃。

立案监督情况：

案发当年，因该地区撤地建市，案发地的乡由某县划归某区，致使该案管辖出现分歧，公安机关一直未予立案侦查，杀人凶手逍遥法外长达6年而无人问津。2001年初，区人民检察院在下基层了解社会治安状况时，通过走访群众，了解到6年前发生在某村的这一血案，立即开展调查。随后，又调阅了公安机关的案卷材料。经审查认为，陈某、陈乙涉嫌故意杀人罪事实清楚，依法应当追究刑事责任。在调阅案卷时，区公安分局提出因嫌疑人在逃及该地撤地建市的原因未予立案，区人民检察院认为本案犯罪嫌疑人已构成故意杀人罪，为加快案件的处理进度，未通过发出《要求说明不立案理由通知书》程序，直接向公安分局下达了《通知立案书》，并以检察建议形式要求公安分局及时移送案卷材料。同年4月5

日,公安分局将此案作为特大刑事案件立案侦查。2002年8月2日,犯罪嫌疑人陈某被抓捕归案。2002年9月2日,区人民检察院对犯罪嫌疑人陈某、陈乙涉嫌故意杀人罪批准逮捕(陈乙负案在逃,尚未到案,仍在追捕中)。2002年12月5日,经市人民检察院向市中级人民法院提起公诉。2003年4月3日,市中级人民法院以故意杀人罪,判处被告人陈某死刑,剥夺政治权利终身。2003年4月28日经省高级人民法院核准,被告人陈某被依法执行死刑。

【案例评析】

本案应立案而未立案侦查的原因很多,包括由于行政区划的改变,导致侦查机关管辖范围的改变,因工作失误而造成该立案而未立案的情况。检察机关通过刑事立案监督,使这桩被人们淡忘的血案得到了公正处理,社会效果和法律效果非常明显,有力地打击了犯罪,维护了法律的尊严。

需要注意的是,立案监督中,要求公安机关说明不立案理由是必经工作程序。原《人民检察院刑事诉讼规则》第372条规定:"人民检察院发现公安机关对应当立案侦查的案件不立案侦查的,由审查逮捕部门审查;审查逮捕部门经过调查、核实有关证据材料,认为需要公安机关说明不立案理由的,经检察长批准,可以要求公安机关在七日内书面说明不立案理由。经人民检察院审查逮捕部门审查,认为公安机关不立案理由不能成立的,经检察长或检察委员会讨论决定,应当通知公安机关立案。"最高人民检察院《人民检察院立案监督工作问题解答》第5条规定:"根据刑事诉讼法第八十七条的规定,要求公安机关说明不立案理由应当是通知立案前的必经法定程序。无论是检察机关发现公安机关应当立案侦查而不立案侦查的,还是被害人认为公安机关对应当立案侦查的案件而不立案侦查,向人民检察院提出的,人民检察院都应首先要求公安机关说明不立案的理由,经审查不立案理由不成立的,才能通知公安机关立案。"新修改的《刑诉规则》也规定了人民检察院认为公安机关应当立案侦查而没有立案侦查的,应当先要求公安机关说明不立案理由。因此,对本案正确的监督程序应当是先向公安机关发出《要求说明不立案理由通知书》,如果公安机关的不立案理由不能成立,再通知公安机关立案。这是本案检察机关在立案监督工作程序上的瑕疵。

【案例二】 发出《要求说明不立案理由通知书》后公安机关不在规定时间说明理由的可以直接通知立案

张甲、蒋某、张乙抢劫案

基本案情:

犯罪嫌疑人张甲,男,22岁,汉族,初中文化,农民。犯罪嫌疑人蒋某,男,20岁,汉族,小学文化,农民。犯罪嫌疑人张乙,男,19岁,汉族,初中文化,农民。

2001年5月12日晚7时许,犯罪嫌疑人张甲、蒋某、张乙相互纠集,窜至一辆短途中巴车上伺机抢劫。当中巴车行至某区一路段时,犯罪嫌疑人张甲、蒋某伴称车上一名乘客踩了蒋的脚,强行向该乘客索要300元,该乘客被迫交给张甲300元。此后,张甲、蒋某再次向该乘客索要300元,遭到拒绝。犯罪嫌疑人张甲、蒋某、张乙即强行将该乘客压倒在中巴车引擎盖上,劫得300元。随即,三犯罪嫌疑人下车离去。所得赃款三犯罪嫌疑人每人分得200元钱。

立案监督过程:

案发后,公安机关对本案进行了调查,决定对张甲劳动教养2年,对蒋某劳动教养2年6个月,对张乙劳动教养1年。检察机关在劳教所执行检查的过程中发现,三名犯罪嫌疑人的行为已构成犯罪,对其作出劳动教养决定是错误的,遂于2001年12月21日向公安分局发出了《要求说明不立案理由通知书》。在规定的期限内,公安机关没有说明不立案理由,区人民检察院于2002年1月10日向区公安分局发出了《通知立案书》,公安机关于当日立案侦查。2002年2月2日，区公安分局以涉嫌抢劫罪为由将张甲等三名犯罪嫌疑人向区人民检察院提请批准逮捕，同年2月5日，区人民检察院批准逮捕。2002年9月17日，区人民检察院将本案向区人民法院提起公诉。2002年11月3日，区人民法院审理后认为，被告人张甲、蒋某、张乙以非法占有为目的，在公共交通工具上用暴力手段抢劫他人财物，其行为均已构成抢劫罪，分别判处被告人张甲、蒋某、张乙有期徒刑10年、7年6个月、3年6个月。

【案例评析】

本案是某区人民检察院在对某市劳动教养管理所劳教人员进行例行检查中发现的一起比较典型的以教代刑案件。一方面，公安机关收到《要求说明不立案理由通知书》，应当在规定的时间内书面作出答复。刑事立案监督权是刑事诉讼法赋予检察机关的一项监督权，公安机关有自觉接受监督的法律义务。《要求说明不立案理由通知书》一经发出即具有法律效力，公安机关有及时回复的义务。

另一方面，对公安机关不在规定时间书面作出答复的案件，人民检察院可以通知公安机关立案侦查。最高人民检察院《人民检察院立案监督工作问题解答》第6条规定："根据最高人民法院、最高人民检察院、公安部、国家安全部、司法部、全国人大常委会法制工作委员会《关于刑事诉讼法实施中若干问题的规定》，公安机关在收到人民检察院《要求说明不立案理由通知书》后七日内应当将说明情况书面答复人民检察院。人民检察院向公安机关发出《要求说明不立案理由通知书》后，在上述时限内公安机关没有说明不立案理由的，人民检察院可以发出纠正违法通知书予以纠正，如发现有材料证明确属应当立案侦查的，也可以直接向公安机关发出《通知立案书》。"因此，本案公安机关在规定时间内不答复不立案理由，检察机关直接发出《通知立案书》，通知公安机关立案，完全符合立案监督程序规定。

【案例三】通知立案后公安机关仍不予立案的应当进一步监督

周某抢劫、强奸、寻衅滋事、敲诈勒索诈骗案

基本案情：

犯罪嫌疑人周某，男，1974年6月2日出生，汉族，初中文化，农民。1992年因打架斗殴被劳动教养2年；1995年9月因寻衅滋事被劳动教养2年；1998年11月因诈骗、寻衅滋事被劳动教养3年；2000年5月因敲诈勒索被劳动教养1年。

2001年3月15日上午，周某窜至某县，将某发廊小姐张某带至其租住的房间嫖宿，事毕，周某借口张某未将其陪好，打了张某一耳光，强行索回事先付给张某的100元嫖资，并逼迫张某取下随身携带的金戒指1枚，耳环1副（价值1020元），才让张某离开其租住处。后周某于当日下午将该耳环典当，获赃款270元。

1998年10月4日上午，周某伙同同乡邢某、姚某三人到某镇某美容美发厅洗面。在洗面房内，周某对被害人服务小姐刘某动手动脚，强行抠摸刘某的乳房、阴部，并提出要与其发生性行为，遭到刘某的强烈反抗，周某即打了刘某几耳光，强行对其实施了奸淫。

1999年7月至2000年3月期间，周某在某县范围内，采取暴力威胁或要挟手段，先后敲诈勒索池某等九人现金4518.40元及价值398.40元的寻呼机1个，均已挥霍。

1996年4月至1998年10月期间，周某先后在某特种水泥股份有限公司、某镇街上的饭店、美容美发厅、摩托车修理店等公共场所寻衅滋事，随意殴打刘某等七人，强索他人现金300元。

1998年3月至10月期间，犯罪嫌疑人周某以借车为名，骗取黄某等人两轮摩托车3辆，价值13630元，周某将所骗摩托车当于当铺，或抵押给他人借款，获赃款5900元，周某用于赌博，挥霍一空。

立案监督情况：

2000年11月，某县人民检察院收到周某称霸一方多次被劳教的情况反映后，遂调阅周某劳动教养卷宗，发现其1998年涉嫌强奸犯罪，2000年涉嫌抢劫犯罪，两次劳动教养均有"以教代刑"之嫌。经初步调查，证实周某涉嫌强奸基本属实，且有多次寻衅滋事、敲诈勒索的犯罪线索。公安机关未作刑事案件处理。该县人民检察院遂于同年11月29日，向县公安局发出《要求说明不立案理由通知书》，未得到回复，后直接发出《通知立案书》，但办案单位以事实不清、证据不足为由不予立案。检察机关认为，公安机关不立案理由不能成立，以《纠正违法通知书》再次督促公安机关立案侦查，在交涉过程中，周某于2001年3月17日又因抢劫作案被刑事拘留，检察机关再次启动立案监督程序，于同月27日再次向公安机关发出《通知立案书》，建议并案侦查且提前介入，公安机关接受建议，并案侦查。2002年1月30日，县人民检察院以涉嫌抢劫罪、强奸罪、寻衅滋事罪、敲诈勒索罪、诈骗罪对被告人周某提起公诉。2002年4月19日，县人民法院以数罪并罚，依法判处周某有期徒刑20年，剥夺政治权利5年，并处罚金1.2万元。

【案例评析】

周某抢劫、强奸、寻衅滋事、敲诈勒索、诈骗一案，作案时间长，社会危害严重，在当地造成了严重的社会影响，但由于种种原因，周屡次作案，均仅被作劳动教养处理，逃脱了刑法的追究。通过检察机关的立案监督，使这起历次均被作行政处理的案件得到了刑事追究，使周某得到了应有的刑事处罚，维护了法律的公平正义，产生了很好的社会效果和法律效果。

《通知立案书》一经发出即发生法律效力，检察机关向公安机关发出《通知立案书》后，公安机关应当立案。本案中，县公安局收到《通知立案书》后不予立案，显然违反了刑事诉讼法的有关规定。对于被通知立案后公安机关仍不予立案的，检察机关应当如何进一步监督的问题，最高人民检察院《人民检察院立案监督工作问题解答》第14条规定："根据六部委规定，人民检察院通知公安机关立案的，公安机关在收到《通知立案书》后，应当在十五日内决定立案，并将立案决定书送达人民检察院。在上述期限内不予立案的，人民检察院应当发出纠正违法通知书予以纠正。公安机关仍不纠正的，报上一级检察机关商同级公安机关处理，或者报告同级人大常委会。……"本案县检察院在通知公安机关立案后，公安机关不立案侦查，向公安机关发出《纠正违法通知书》予以纠正，是完全正确的，但在公安机关仍不立案的情况下，应当报上级检察院或同级人大常委会解决，再次发出《通知立案书》不符合有关规定，也不能充分体现《通知立案书》的严肃性。这是本案在监督程序上的一点瑕疵。

五、刑事立案监督案件的跟踪监督

在刑事立案监督的司法实践中，存在着较为严重的侦查机关在收到人民检察院《立案通知书》后立而不侦、先立后撤、侦而不结、迟迟不诉等情况，极大地削弱了刑事立案监督的社会效果和法律效果。

因此，人民检察院在作出刑事立案监督的处理决定之后，应通过相应的措施来跟踪和督促侦查机关侦查案件。对于侦查机关接到《通知立案书》后虽已立案，但立而不查、久拖不决的，或接到《通知撤销案件书》后未要求复议、复核，拒不撤销案件的，人民检察院可以发出《纠正违法通知书》；人民检察院发出《纠正违法通知书》，侦查机关应当执行。人民检察院发出《纠正违法通知书》后，侦查机关不执行的，应向上级人民检察院报告，上一级人民检察院应当将情况报同级侦查机关，同级侦查机关应当指令下级侦查机关执行。对于人民检察院通知立案的案件，侦查机关立案后又撤销案件的，人民检察院经审查认为撤销案件不当的，应发出《纠正违法通知书》，通知侦查机关予以纠正。

此外，根据不同情况，可以采取下列措施，促使其接受监督：建议侦查机关更换办案人；向当地纪检、监察部门提出检察建议，建议给予相关责任人员党纪政纪处分；将一定时期内侦查机关消极侦查的情况进行综合分析，或将重大、复杂或社会影响较大的个案，专门向同级党委、人大报告，提请其加强协调并督促侦查机关及时进行侦查；对于属于国家机关工作人员利用职权实施的重大犯罪案件，经省级以上人民检察院决定，直接立案侦查；构成徇私舞弊、徇私枉法等犯罪的，直接追究有关人员的刑事责任。

为了防止被监督的侦查机关立而不侦、侦而不结，人民检察院侦查监督部门应当对立案监督的案件进行全程的跟踪监督，防止监督流于形式，增强监督实效。首先，应要求侦查机关应当及时向人民检察院通报侦查情况。其次，人民检察院应当建立详细的监督档案，记录监督时间、诉讼过程和处理结果。再次，确定专人对每个刑事立案监督案件负责承办，从案件线索受理、审查和调查到最终处理结果，由专人全程跟踪监督。复次，定期或不定期地查阅侦查机关的侦查卷宗，掌握案件进展情况，了解是否存在立而不查、久拖不决的现象。又次，要加强与侦查机关的联系与配合，争取理解和支持，对于犯罪嫌疑人外逃、证据缺失等原因导致案件搁浅的，主动提出侦查取证的建议，协助其尽快破案。最后，对于久侦不结的重大案件，可以报请上级检察机关与同级侦查机关实行挂牌督办。

【案例一】 跟踪监督的目的是使立案监督取得实效

陶某、谭某、虢某、张某参加黑社会性质组织案

基本案情：

犯罪嫌疑人陶某，男，1979年8月19日出生，汉族，初中文化，无业。犯罪嫌疑人谭某，男，1981年6月8日出生，汉族，初中文化，无业。犯罪嫌疑人虢某，男，1981年4月17日出生，汉族，小学文化，无业。犯罪嫌疑人张某，男，1978年9月18日出生，汉族，初中文化，无业。

1998年3月9日，犯罪嫌疑人陶某、谭某、虢某、张某在某

旅社玩耍，张某提出到某中学抢学生的钱，犯罪嫌疑人一伙均表示同意。陶某提出要带凶器去作案。于是，陶某带一把东洋刀，谭某带一把砍刀，张某带一根钢管，窜至某中学男生宿舍和教学楼走廊上，采取打耳光、脚踢、搜身等威胁手段，对该校学生罗某、盛某、张某、李某、王某、徐某、侯某实施抢劫，共抢得现金38元。犯罪嫌疑人一伙准备离开时，被该校刘某、严某、蒋某、余某等老师及其他同学发现并追赶，犯罪嫌疑人一伙均抽出携带的凶器进行威胁，并说："你们再追，一刀捅了你们。"在此情况下老师和学生被迫停止追赶，后派出所干警赶到，并将犯罪嫌疑人虢某、张某抓获。

立案监督情况：

2000年10月，县人民检察院在参加县委政法委组织的执法检查时发现犯罪嫌疑人陶某、谭某、虢某、张某于1998年3月9日持刀、械到某中学抢劫学生财物，公安机关抓获三名嫌疑人却均取保候审，未作进一步处理。该县检察院审查认为四名犯罪嫌疑人均涉嫌抢劫犯罪，应依法追究其刑事责任。2000年10月25日，县人民检察院向县公安局发出《要求说明不立案理由通知书》，县公安局于同年11月1日立案侦查，但一直未将犯罪嫌疑人抓获归案。后县人民检察院指派专人负责此案的跟踪监督，通过召开联席会议达成共识，县公安局加大追捕力度，于2001年4月至2002年8月先后将陶某、谭某、虢某、张某抓获。公安机关在抓获犯罪嫌疑人后还查明，陶某、谭某、虢某、张某均参加了以严某为首的黑社会性质组织，且均为该组织的骨干成员。该组织自1998年形成以来，在某县城关及附近乡镇采用暴力、威胁、滋扰手段，有组织地大肆进行敲诈勒索、寻衅滋事、聚众斗殴、故意伤害、抢劫等犯罪活动，作案70余次。

2000年4月30日、8月7日、8月14日和2002年9月11日县人民检察院分别以涉嫌抢劫罪批准逮捕上述四名犯罪嫌疑人。2001年11月20日和2003年1月10日，市人民检察院和县人民检察院分别将被告人陶某、谭某、虢某和张某提起公诉。2002年4

月12日，市中级人民法院以被告人陶某、谭某犯抢劫罪、故意伤害罪、参加黑社会性质组织罪、敲诈勒索罪、聚众斗殴罪、寻衅滋事罪，数罪并罚，各决定执行有期徒刑20年，剥夺政治权利5年，分别并处罚金1万元、3000元。被告人虢某犯抢劫罪、参加黑社会性质组织罪、敲诈勒索罪、寻衅滋事罪，数罪并罚，决定执行有期徒刑8年，并处罚金5000元。2003年3月14日，县人民法院以被告人张某犯抢劫罪、参加黑社会性质组织罪、故意伤害罪、寻衅滋事罪，数罪并罚，决定执行有期徒刑8年，并处罚金3000元。

【案例评析】

本案是一起十分成功的立案监督案件。县人民检察院在立案监督后，指定专人跟踪监督，做到既大胆监督，又善于监督，更讲究监督效果，不仅使陶某、谭某、虢某、张某抢劫案得到查处，还通过公安机关的进一步侦查，查清了四名被告人参加黑社会性质组织、抢劫、敲诈勒索、寻衅滋事、聚众斗殴的犯罪事实，使其得到了法律的严惩。

本案说明，对立案监督的案件，检察机关应当加强跟踪监督，确保监督效果。本案中，公安机关立案后，由于未抓获犯罪嫌疑人，案件侦查工作一度陷于停顿。对此，县人民检察院并没有坐等公安机关侦查，而是通过积极主动介入，与公安机关召开联席会议等形式，促进公安机关加大追逃和侦查力度。通过此案的成功立案监督，彻底摧毁了以严某为首的黑社会性质组织，铲除了危害某县城及周边乡镇社会治安的毒瘤，严厉打击了有组织犯罪，增强了群众的安全感。实践证明，检察机关在依法立案监督后，加强对案件的进一步跟踪监督，促进快侦快结是提高立案监督效果的有效途径。

【案例二】公安机关立案后久拖不决的应当跟踪监督

刘某、李某、成某生产销售伪劣产品案

基本案情：

犯罪嫌疑人刘某，男，1949年12月25日出生，汉族，高中文化，系某县磷肥厂副厂长。犯罪嫌疑人李某，男，1958年10月26日出生，汉族，大专文化，系某县磷肥厂副厂长。犯罪嫌疑人成某，男，1952年3月10日出生，汉族，小学文化，系某县磷肥厂采购员。

2004年2月，犯罪嫌疑人刘某、李某、成某与其他3人一起承包了某县磷肥厂硫磷分厂，刘某负责硫磷分厂全面工作，李某负责生产工作，成某负责购销工作。期间，硫磷分厂生产劣质磷肥400吨。2004年2月22日，某市质量技术监督局稽查支队在该厂对库存的400吨磷肥抽样检验，该批磷肥的各项指标含量为：含水分75%、含五氧化二磷10.86%、含游离酸139%，属于不合格产品。同月23日，县技术监督局接市局通知将该批400吨不合格磷肥予以封存。3月，三犯罪嫌疑人在明知封存的400吨磷肥是劣质磷肥的情况下，擅自启封，并以每吨230元的价格全部销售，销售金额为9.2万元，造成农民使用劣质磷肥后粮食减产的严重后果。

立案监督情况：

2004年4月1日，中央电视台《焦点访谈》栏目报道了某县磷肥厂生产销售伪劣化肥案，4月2日、9日，国务院和省政府主要领导相继作出重要批示，指示要严肃查处，省人民检察院即对该案进行督办，构成刑事犯罪的，应当依法开展立案监督。县人民检察院于2004年4月13日要求县公安局说明不立案理由，县公安局于2004年4月21日说明了不立案理由，认为犯罪嫌疑人虽然实施了生产、销售不合格磷肥的行为，但价值不大，未达到立案标准，不符合立案条件，不予立案。4月23日，县人民检察院根据调查

掌握的事实及证据认为本案已涉嫌犯罪,遂依法通知公安机关立案侦查,县公安局于 4 月 30 日立案侦查。2004 年 7 月 20 日,县公安局以涉嫌生产、销售伪劣产品罪,对犯罪嫌疑人刘某刑事拘留。同年 7 月 24 日,决定对三犯罪嫌疑人取保候审。2004 年 9 月 21 日,县人民检察院以被告人刘某、李某、成某涉嫌生产、销售伪劣产品罪向县法院提起公诉。2004 年 11 月 8 日,县法院判决认为,被告人刘某、李某、成某生产不合格产品,在明知磷肥不合格,已被质量技术监督部门查封的情况下,擅自启封并销售,犯罪金额较大,均已构成生产、销售伪劣产品罪,依法判处刘某有期徒刑 1 年,缓刑 1 年,并处罚金 2 万元;被告人李某、成某分别被单处罚金 3.5 万元。

【案例评析】

本案是一起有重大社会影响的案件。中央电视台曝光后,引起各方面的高度关注,被列为当年全国农资打假第一号案件,同时是最高人民检察院打击假冒伪劣产品、侵犯知识产权犯罪立案监督专项行动督办案件之一。本案的及时依法查处,维护了广大农民的合法权益,得到了人民群众的好评。

检察机关加强对立案监督案件的跟踪监督,是本案成功查处的重要保障。本案中,公安机关立案侦查后,由于取证、固定证据及对案件定性处理等方面的一些原因,一度进展缓慢,对此,检察机关在通知立案后,继续加强了对本案的跟踪监督。县检察院多次就案件证据的收集、固定提出意见和建议,并就案件的定性问题多次与公安机关协商、沟通,取得了共识,公安机关进一步明确了侦查方向,并调整侦查力量,使案件在较短时间内取得重要进展,为全案的侦查、起诉、审判打下了坚实的基础。

六、刑事立案监督案件的备案审查

为了加强对刑事立案监督工作的监督,人民检察院应当对其开展的刑事立案监督工作向上一级人民检察院备案,上一级人民检察院在接到备案材料之后,应当依法进行认真审查,以保证刑事立案监督工作的质量,加强对刑事诉讼的法律监督工作。这一做法体现了人民检察院组织法规定的上下级人民检察院之间的领导关系和业务上的指导监督关系。

对侦查机关立案监督的备案材料主要包括:案件来源、《要求说明不立案理由通知书》或《要求说明立案理由通知书》、《纠正违法通知书》、《审查公安机关说明(不)立案理由报告》、《通知立案书》或《通知撤销案件书》、公安机关立案情况、不应当立案而立案的撤案情况等。对人民检察院侦查部门应当立案侦查而不报请立案的案件,备案的材料主要包括:案件来源、《建议报请立案意见书》等。

上一级人民检察院接到备案后的审查同样不属于专门的侦查工作,不能采用对人的强制措施和对物的强制措施,而只能采用非强制的任意性措施进行调查。实践中,接受备案的人民检察院对刑事立案监督案件的审查更多的是采用书面审查的方式,而较少采用调查的方法。

上级人民检察院认为下级人民检察院通知公安机关立案或者建议公安机关撤销案件错误时,应当通知作出决定的人民检察院纠正,也可以直接撤销下级检察院的《通知立案书》或者《通知撤销案件书》,通知公安机关,并通知作出决定的人民检察院。

第四节 行政执法与刑事司法相衔接

一、行政执法与刑事司法相衔接概述

行政执法与刑事司法衔接机制的构建是指,行政执法机关与检察机关、公安机关、监察机关要从有利于打击违法犯罪的大局出发,在充分履行各自职责的同时,加强工作联系,加强协调配合,切实解决涉嫌犯罪案件移送中存在的突出问题,促进执法资源的合理利用,增强打击力度,尤其是对破坏社会主义市场经济秩序、妨害社会管理秩序违法犯罪要始终保持严打的高压态势。

行政执法与刑事司法相衔接主要包括以下内容：行政执法机关在依法查处违法行为过程中，发现涉嫌构成犯罪，依法需要追究刑事责任的，必须向公安机关移送；公安机关接受行政执法机关移送的涉嫌犯罪案件后，经审查，认为有犯罪事实，需要追究刑事责任，应当依法立案侦查；行政执法机关移送涉嫌犯罪案件，应当接受人民检察院依法实施的监督；行政执法机关接到公安机关不予立案的通知后，可以建议人民检察院依法进行立案监督，公安机关应当接受人民检察院进行的立案监督；行政执法机关对应当向公安机关移送的案件不移送、公安机关不接受行政执法机关移送的涉嫌犯罪案件，构成犯罪的，依法追究其主要负责人的刑事责任；行政执法机关在查处违法行为过程中，发现贪污贿赂、渎职侵权等违法行为，涉嫌构成犯罪的，应当及时将案件移送人民检察院。具体来讲，包括：

第一，行政执法机关发现破坏社会主义市场经济秩序、妨害社会管理秩序行为应当及时查处，对其中涉嫌犯罪的案件必须及时移送公安机关立案侦查，同时抄送检察机关，切实防止"以罚代刑"现象的发生。

第二，行政执法机关对案情重大、可能涉嫌犯罪的案件应及时向公安机关、检察机关通报，并就法律适用、证据固定和保全等问题进行咨询，公安机关、检察机关应认真研究，及时答复；在调查过程中遇到暴力抗法、取证困难等情况时，可邀请公安机关派员参加。

第三，行政执法机关在查处违法行为的过程中应当注意严格按法定程序收集和保全证据，并在向公安机关移送涉嫌犯罪案件时随案移送。对公安机关的侦查活动，相关行政执法机关应当予以配合支持。

第四，公安机关发现破坏社会主义市场经济秩序、妨害社会管理秩序犯罪事实，认为需要追究刑事责任的，应当及时立案侦查，有关行政执法机关应予配合；发现不构成犯罪但需追究行政责任的，应当及时将案件移送相关行政执法机关，行政执法机关应依法作出处理。

第五，检察机关要对行政执法机关向公安机关移送涉嫌犯罪案件情况进行主动监督，有关单位、个人举报或者群众反映强烈的，可以派员查询行政执法案件办理情况，必要时，可以派员查阅有关案卷材料，行政执法机关应予配合。对行政执法机关不移送涉嫌犯罪案件的，应当建议行政执法机关向公安机关移送，行政执法机关应当移送，并将落实情况反馈检察机关。行政执法机关仍不移送的，检察机关应将情况书面通知公安机关，公安机关经审查认为有犯罪事实需要追究刑事责任的，应当立案侦查。

第六，对行政执法机关移送的涉嫌犯罪案件，公安机关应当依法及时审查，决定是否立案侦查，并答复移送案件的行政执法机关，同时通报检察机关。

第七，对公安机关不立案侦查的，行政执法机关可以要求公安机关复议，也可建议检察机关进行立案监督，检察机关应当要求公安机关说明不立案的理由，认为公安机关不立案理由不成立的，应当通知公安机关立案侦查，公安机关应当立案侦查，并将侦查情况反馈检察机关，检察机关应当将监督立案情况通报相关行政执法机关。

第八，检察机关对行政执法机关移送的涉嫌犯罪案件，监督公安机关立案后要进行跟踪监督，督促侦结。必要时，可以派员参加公安机关对重大案件的讨论，引导侦查取证，并对侦查活动实施监督。

第九，检察机关可以向行政执法机关、公安机关查询案件办理情况，行政执法机关、公安机关应当对检察机关查阅有关案件材料、进行必要的调查等予以配合。

第十，行政执法机关、公安机关在办案过程中发现涉嫌贪污贿赂、渎职等违纪、犯罪线索的，应当根据案件性质及时移送监察机关或检察机关，监察机关、检察机关应当及时受理，认真审查，依纪、依法处理，并将处理结果通报相关行政执法机关、公安机关。监察机关发现行政执法中涉嫌职务犯罪的，应当及时移送检察机关，检察机关发现行政执法中的职务犯罪行为，应当依法立案侦查。

【案例】构成犯罪而已作行政处罚的仍应立案追究刑事责任

杨某生产销售伪劣产品案

基本案情：

犯罪嫌疑人杨某两次以某区种子公司的名义，从某种业公司购进"培杂茂选"、"培杂茂三"品牌水稻种共17613.5千克，价值81081.6元。然后，杨某在一不干胶厂印制了"培两优288"稻种的不干胶品种名称标签1万多张，用牛皮纸印制种子内标签1000多张，并自己印制了"培两优288"品种说明书及有关证号标签1万多张。杨某还请人在其租用的仓库内，撕掉种子的原标签，改贴成"培两优288"的标签，以此品种种子通过其他种子经营户销给三县农民14310千克，销售金额达162004元。造成购买使用这些种子的农户严重减产，农民反映强烈。

立案监督情况：

某区人民检察院在走访中发现，杨某销售伪劣种子，仅由某市农业局作了罚款5万元的行政处罚，公安机关因为主管部门已作行政处罚而未立案。该区检察院认为，杨某的行为已涉嫌刑事犯罪，遂向市公安局发出《要求说明不立案理由通知书》，市公安局接到通知后以涉嫌销售伪劣种子罪对杨某立案侦查，经区人民检察院批准，杨某被逮捕。区人民检察院以涉嫌销售伪劣种子罪对杨某提起公诉。区人民法院判决认为，公诉机关赖以认定使生产遭受损失的测产报告，因系再生稻的测产报告，并未对主要的头季稻进行测产，缺乏科学性和全面性，因而不能作为计算使生产遭受损失的依据，故不能认定为销售伪劣种子罪。但杨某无视国家法律，以此品种的种子冒充他品种的种子销售，销售金额在5万元以上，已构成销售伪劣产品罪。根据刑法第149条、第140条的规定，以生产销售伪劣产品罪判处杨某有期徒刑 1 年,缓刑 1 年 6 个月,并处罚金 8.5 万元。

【案例评析】

刑法第 140 条规定:"生产者、销售者在产品中掺杂、掺假,以假充真,以次充好或者以不合格产品冒充合格产品,销售金额五万元以上不满二十万元的,处二年以下有期徒刑,并处销售金额百分之五十以上二倍以下罚金;销售金额二十万元以上不满五十万元的,处二年以上有期徒刑,并处销售金额百分之五十以上二倍以下罚金;销售金额五十万元以上不满二百万元的,处七年以上有期徒刑,并处销售金额百分之五十以上二倍以下罚金;销售金额二百万元以上的,处十五年有期徒刑或者无期徒刑,并处销售金额百分之五十以上二倍以下罚金或者没收财产。"第 149 条规定:"生产、销售本节第一百四十一条至第一百四十八条所列产品,不构成各该条规定的犯罪,但是销售金额在 5 万元以上的,依照本节第一百四十条的规定定罪处罚。"本案中,虽然对于杨某销售伪劣种子,造成严重后果的证据不充分,但杨某销售伪劣种子的金额在 5 万元以上,以销售伪劣产品罪对其定罪处罚符合刑法的规定。

国务院《行政执法机关移送涉嫌犯罪案件的规定》第 11 条规定:"行政执法机关对应当向公安机关移送的涉嫌犯罪案件,不得以行政处罚代替移送。"并同时规定,行政机关向公安机关移送涉嫌犯罪案件前已作出的警告、责令停产停业等行政处罚决定不停止执行,已经依法给予当事人罚款的,人民法院判处罚金时,依法折抵相应的罚金。可见,公安机关以行政机关作了行政处罚而不立案是不正确的,而人民检察院对此予以立案监督是正确的。

二、行政执法与刑事司法相衔接的程序

国务院法制办、中央纪委、最高人民法院、最高人民检察院、公安部、国家安全部、司法部、人力资源社会保障部联合发布了《关于加强行政执法与刑事司法衔接工作的意见》,对行政执法与刑事司法相衔接工作的具体程序作出了规定。其中,第 1 条规定,

行政执法机关和公安机关要严格依法履行职责,对涉嫌犯罪的案件,切实做到该移送的移送、该受理的受理、该立案的立案。行政执法机关在执法检查时,发现违法行为明显涉嫌犯罪的,应当及时向公安机关通报。接到通报后,公安机关应当立即派人进行调查,并依法作出立案或者不予立案的决定。行政执法机关向公安机关移送涉嫌犯罪案件,应当移交案件的全部材料,同时将案件移送书及有关材料目录抄送人民检察院。对受理的案件,公安机关应当及时审查,依法作出立案或者不予立案的决定并书面通知行政执法机关,同时抄送人民检察院。公安机关立案后决定撤销案件的,应当书面通知行政执法机关,同时抄送人民检察院。行政执法机关在查处违法行为,以及公安机关在审查、侦查行政执法机关移送的涉嫌犯罪案件过程中,发现国家工作人员涉嫌贪污贿赂、渎职侵权等违纪违法线索的,应当根据案件的性质,及时向监察机关或者人民检察院移送。监察机关、人民检察院应当对行政执法机关、公安机关移送的违纪或者职务犯罪案件线索及时认真审查,依纪依法处理,并将处理结果及时书面告知行政执法机关。第3条规定,人民检察院、监察机关在调查时,应当及时向行政执法机关、公安机关查询案件情况,必要时,可以派人查阅、复印案件材料,行政执法机关、公安机关应当予以配合。人民检察院发现行政执法机关不移送或者逾期未移送的,应当向行政执法机关提出意见,建议其移送。人民检察院建议移送的,行政执法机关应当立即移送,并将有关材料及时抄送人民检察院;行政执法机关仍不移送的,人民检察院应当将有关情况书面通知公安机关,公安机关应当根据人民检察院的意见,主动向行政执法机关查询案件,必要时直接立案侦查。公安机关不受理行政执法机关移送的案件,或者未在法定期限内作出立案或者不予立案决定的,行政执法机关可以建议人民检察院进行立案监督;对公安机关不予立案的复议决定仍有异议的,可以建议人民检察院进行立案监督;对公安机关立案后作出撤销案件决定有异议的,可以建议人民检察院进行立案监督。人民检察院对行政执法机关提出的立案监督建议,应当依法受理并进行审查。人民检察院发现行政执法人员不移送涉嫌犯罪案件，公安机关工作人员不依法受理、立案，涉嫌犯罪的，应当依法追究刑事责任。

最高人民检察院、全国整顿和规范市场经济秩序领导小组办公室、公安部、监察部联合发布的《关于在行政执法中及时移送涉嫌犯罪案件的意见》专门针对行政执法中及时移送涉嫌犯罪案件的相关程序作出了规定。其中，第1条规定，行政执法机关在查办案件过程中，对符合刑事追诉标准、涉嫌犯罪的案件，应当制作《涉嫌犯罪案件移送书》，及时将案件向同级公安机关移送，并抄送同级人民检察院。对未能及时移送并已作出行政处罚的涉嫌犯罪案件，行政执法机关应当于作出行政处罚10日以内向同级公安机关、人民检察院抄送《行政处罚决定书》副本，并书面告知相关权利人。第2条规定，任何单位和个人发现行政执法机关不按规定向公安机关移送涉嫌犯罪案件，向公安机关、人民检察院、监察机关或者上级行政执法机关举报的，公安机关、人民检察院、监察机关或者上级行政执法机关应当根据有关规定及时处理，并向举报人反馈处理结果。第3条规定，人民检察院接到控告、举报或者发现行政执法机关不移送涉嫌犯罪案件，经审查或者调查后认为情况基本属实的，可以向行政执法机关查询案件情况、要求行政执法机关提供有关案件材料或者派员查阅案卷材料，行政执法机关应当配合。确属应当移送公安机关而不移送的，人民检察院应当向行政执法机关提出移送的书面意见，行政执法机关应当移送。第7条规定，行政执法机关对公安机关不立案决定有异议的，在接到不立案通知书后的3日以内，可以向作出不立案决定的公安机关提请复议，也可以建议人民检察院依法进行立案监督。第12条规定，行政执法机关在依法查处违法行为过程中，发现国家工作人员贪污贿赂或者国家机关工作人员渎职等违纪、犯罪线索的，应当根据案件的性质，及时向监察机关或者人民检察院移送。监察机关、人民检察院应当认真审查，依纪、依法处理，并将处理结果书面告知移送案件线索的行政执法机关。第14条规定，人民检察院依法对行政执法机关移送涉嫌犯罪案件情况实施监督，发现行政执法人员徇私舞弊，对依法应当移送的涉嫌犯罪案件不移送，情节严重，构成犯罪的，应当依照刑法有关的规定追究其刑事责任。

三、行政执法与刑事司法相衔接的配套机制

当前，各地检察机关为保障行政执法与刑事司法衔接机制的有效运转，都建立了相应的配套制度：

一是信息通报制度。行政执法机关定期向公安机关、人民检察院通报查处破坏社会主义市场经济秩序案件情况以及向公安机关移送涉嫌犯罪案件情况；公安机关定期向行政执法机关通报行政执法机关移送案件的受理、立案、销案情况；人民检察院定期向行政执法机关通报立案监督、批捕、起诉破坏社会主义市场经济秩序犯罪案件的情况。

二是联席会议制度。检察机关、公安机关、监察机关、行政执法机关应定期或不定期召开不同层次的联席会议，相互通报查办违法犯罪案件的情况，协商解决"两法衔接"工作中遇到的共性问题、突出问题、疑难问题，研究下一步工作思路和方案。各单位在工作中遇到疑难或急需解决的问题，可随时建议召开协调会议。

三是联合调研制度。检察机关、公安机关、监察机关、行政执法机关还应对一段时期内的"两法衔接"工作情况积极开展联合调查研究，分析破坏社会主义市场经济秩序、妨害社会管理秩序等犯罪的新情况、新特点，提出相应对策。

四是专项检查制度。检察机关、公安机关、监察机关、行政执法机关应定期不定期地单独或联合组织开展"两法衔接"工作专项检查，对行政执法机关向公安机关移送涉嫌犯罪案件情况、公安机关立案侦查行政执法机关移送涉嫌犯罪案件情况进行检查、抽查。检查主要围绕党委、政府关注的重点、人民群众反映的热点、关系民生的难点问题进行，发现问题要坚决依法予以纠正。

五是责任追究制度。监察机关应依法对行政执法机关查处违法案件和移送涉嫌犯罪案件工作进行监督，发现违法违纪问题的，依照有关规定处理；发现涉嫌职务犯罪的，应及时移送检察机关。对

于检察机关、公安机关向行政执法机关查询案件、调阅有关案件材料、建议移送案件，行政执法机关不予配合或者拒绝移送，检察机关、公安机关提请监察机关进行监督的，监察机关应当要求行政执法机关说明情况和理由。对于行政执法机关无正当理由拒不改正的，监察机关应当立案调查并依法、依纪作出处理。

同时，检察机关、公安机关、监察机关、行政执法机关应在加强保密工作的前提下，逐步实现各行政执法机关信息管理系统与公安机关、人民检察院的信息联网共享。

"网上衔接、信息共享"是实现行政执法与刑事司法相衔接的一项重要手段，是指在现行"两法"衔接工作机制框架下，运用计算机网络等现代信息技术，搭建行政执法机关、公安机关、人民检察院之间执法、司法信息互联互通平台，实现行政执法中发现的涉嫌犯罪案件的网上移送、网上受理、网上监督。具体要求包括：一是行政执法机关应当在规定时间内，将查处的符合刑事追诉标准、涉嫌犯罪的案件信息以及虽未达到刑事追诉标准、但有其他严重情节的案件信息等录入信息共享平台。各有关单位应当在规定时间内，将移送案件、办理移送案件的相关信息录入信息共享平台。二是行政执法机关对涉嫌犯罪的案件实行网上公开移送，司法机关对案件的处理过程分阶段网上公开。三是行政执法机关对尚不构成犯罪但接近犯罪数额的行政处罚案件，要在网上备案接受司法机关的监督，如司法机关发现属于以罚代刑的案件，应监督行政执法机关移送案件。四是在网上设立执法信息交流、法律法规查询、案件咨询研讨、办案预警和超期提示等功能。五是确定对信息共享平台的日常管理监督机构，检查督促各相关单位切实保证按规定运用，并定期对网上数据进行统计和分析。

第四章 侦查活动监督

第一节 侦查活动监督概述

一、侦查活动监督的概念

侦查活动监督是指人民检察院依法对公安机关、国家安全机关、军队保卫部门、监狱、走私犯罪侦查机关以及人民检察院的自侦部门在办理刑事案件过程中进行的专门调查工作和有关的强制性措施是否合法进行的法律监督。

侦查活动监督是检察机关法律监督职能的重要组成部分,是法律赋予检察机关的一项重要职责,它与刑事立案监督、刑事审判监督、刑事判决裁定监督、刑罚执行监督等共同构成了检察机关的刑事诉讼法律监督体系。

二、侦查活动监督的范围

侦查活动监督的对象是各类侦查机关(部门)的侦查活动。包括公安机关、国家安全机关、军队保卫部门、监狱、走私犯罪侦查机关以及人民检察院的自侦部门实施的侦查活动。新刑事诉讼法第3条规定:"对刑事案件的侦查、拘留、执行逮捕、预审,由公安机关负责。……"第4条规定:"国家安全机关依照法律规定,办理危害国家安全的刑事案件,行使与公安机关相同的职权。"第18条规定:"刑事案件的侦查由公安机关进行,法律另有规定的除外。贪污贿赂犯罪,国家工作人员的渎职犯罪,国家机关工作人员利用职权实施的非法拘禁、刑讯逼供、报复陷害、非法搜查的侵犯公民人身权利的犯罪以及侵犯公民民主权利的犯罪,由人民检察院立案侦查。对于国家机关工作人员利用职权实施的其他重大犯罪案件，需要由人民检察院直接受理的时候，经省级以上人民检察院决定，可以由人民检察院立案侦查。……"第290条规定："军队保卫部门对军队内部发生的刑事案件行使侦查权。对罪犯在监狱内犯罪的案件由监狱进行侦查。军队保卫部门、监狱办理刑事案件，适用本法的有关规定。"同时，有关法律鉴于海关查缉走私的特殊性，以及打击走私犯罪的长期性、艰巨性、复杂性，又赋予海关走私犯罪侦查机关依法享有侦查权，并适用刑事诉讼法的有关规定。根据以上法律规定，我国的侦查机关（部门）不仅包括公安机关、人民检察院自侦部门，还包括了法律授予其侦查权的国家安全机关、军队保卫部门、监狱侦查部门、海关走私犯罪侦查部门。这些侦查机关或者部门的侦查活动都属于侦查活动监督的对象。

根据新刑事诉讼法第106条第1项的规定，侦查是指公安机关、人民检察院在办理案件过程中，依照法律进行的专门调查工作和有关的强制性措施。因此，上述侦查机关或部门在办理案件的过程中所进行的专门调查工作和有关的强制性措施均属于侦查监督的对象，包括讯问犯罪嫌疑人，询问证人、被害人，勘验、检查，侦查实验，鉴定，技术侦查等调查取证的活动，对犯罪嫌疑人采取的拘传、取保候审、监视居住、拘留和逮捕的强制措施，以及对物证、书证、视听资料等采取的查封、扣押、搜查等强制性措施等，都属于侦查监督的对象。

《刑诉规则》将"侦查活动监督"和"羁押和办案期限监督"分作两节规定，这主要是因为"羁押和办案期限监督"并不仅限于侦查阶段，并主要由监所检察部门负责。但从逻辑上讲，对侦查阶段羁押和办案期限的监督，也应当属于侦查活动监督的范围。在侦查阶段羁押和办案期限方面出现的违法情况仍然属于侦查活动中的违法情况，对侦查阶段羁押和办案期限的监督也不可能仅针对这一问题，而必然要同时注意发现侦查活动中其他的违法情况。因此，仅依《刑诉规则》将"羁押和办案期限监督"与"侦查活动监督"分作两节规定及其主要由监所检察部门负责，就认为对侦查阶段羁押和办案期限的监督也不属于侦查活动监督,这种理解是不合适的。因此,下文除非是必要的情况,否则并不将侦查阶段羁押和办案期限的监督单列在侦查活动监督之外。

第二节 侦查活动监督的内容

侦查活动监督的内容主要是对侦查活动的合法性予以监督,发现并纠正侦查活动中的违法行为。

从理论上讲,侦查活动监督的内容应当包括所有侦查监督对象的所有侦查活动是否依法进行。但是,在现实中,对所有侦查监督对象的所有侦查活动的合法性都予以事无巨细的监督,这是不切实际的。因此,《刑诉规则》第565条规定了侦查监督活动主要发现和纠正的情形。但是同时,该条第20项,又作了开放式的规定,也即将"在侦查中有其他违反刑事诉讼法有关规定的行为"也列了出来。应当说,该条前19项的规定实际上起到了一个重点引导的作用,引导侦查监督部门在办案过程中注重发现这19类问题。而第20项说明,无论人民检察院在办案过程中发现侦查机关有什么样的违法行为,都应当予以督促纠正。因此,关于侦查活动监督的内容可以从两个方面来理解:一是侦查活动监督的一般内容;二是侦查活动监督主要发现和纠正的违法行为。

一、侦查活动监督的一般内容

整体上看,侦查活动监督的一般内容可以分为两个方面:一是侦查机关专门调查活动合法性的监督;二是侦查机关适用强制措施活动合法性的监督。

(一)侦查机关专门调查活动合法性监督的一般内容

侦查机关的专门调查工作,是指刑事诉讼法规定的侦查机关为收集证据、查明犯罪而进行的各种诉讼活动。具体包括讯问犯罪嫌疑人、询问证人、被害人、勘验、检查、侦查实验、搜查、扣押物证、书证，鉴定，通缉在逃犯罪嫌疑人，辨认，技术侦查，追缴赃款、赃物等诉讼活动。

对讯问活动合法性的监督包括以下内容：一是讯问的时间、地点及讯问人的身份等是否符合法律及有关规定，讯问犯罪嫌疑人的侦查人员是否不少于二人，讯问犯罪嫌疑人是否个别进行等。二是讯问笔录的制作、修改是否符合法律及有关规定，讯问笔录是否注明讯问的起止时间和讯问地点，首次讯问时是否告知被告人申请回避、聘请律师等诉讼权利，讯问笔录是否经犯罪嫌疑人核对确认并签名（盖章）、捺指印，是否有不少于二人的讯问人签名等。三是讯问聋哑人、外国人、不通晓当地语言文字的人时是否提供了通晓聋、哑手势的人员或者翻译人员；讯问未成年犯罪嫌疑人时，是否通知了其法定代理人到场，其法定代理人是否在场。四是犯罪嫌疑人的供述有无以刑讯逼供等非法手段获取的情形，依法应录音、录像的有无全程录音、录像。

对询问证人、被害人活动合法性的监督包括以下内容：一是询问地点是否符合法律规定；二是有无违反询问证人、被害人应当个别进行的规定；三是有无使用暴力、威胁、引诱、欺骗以及其他非法手段取证的情形；四是询问聋哑人或者不通晓当地通用语言、文字的少数民族、外国人，是否提供翻译；五是询问未成年证人、被害人，是否通知了其法定代理人到场，其法定代理人是否在场等；六是笔录是否经证人核对确认并签名（盖章）、捺指印；七是侦查人员是否在询问笔录上签名。

对勘验、检查及侦查实验活动合法性的监督包括以下内容：一是勘验、检查是否由侦查人员进行，受指派或聘请的专业人员是否在侦查人员的主持下进行勘验、检查。二是对妇女实施人身检查是否当由女工作人员或者医师进行。三是侦查机关解剖尸体是否在侦查人员的主持下进行，是否有法医参加；是否经县级以上公安机关负责人批准；是否通知死者家属到场，并让死者家属在《解剖尸体通知书》上签名或者盖章。死者家属无正当理由拒不到场或者拒绝签名、盖章的，是否在《解剖尸体通知书》上注明。四是勘验、检查笔录的制作是否符合法律及有关规定的要求，勘验、检查人员和见证人是否签名或者盖章等。五是侦查实验是否依法进行，是否经公安机关负责人批准。

对搜查活动合法性的监督包括以下内容：一是执行搜查的侦查人员是否不少于二人，是否向被搜查人出示《搜查证》。二是在执行逮捕、拘留时，没有搜查证而搜查是否具有下列紧急情况之一：可能随身携带凶器的；可能隐藏爆炸、剧毒等危险物品的；可能隐匿、毁弃、转移犯罪证据的；可能隐匿其他犯罪嫌疑人的；其他突然发生的紧急情况。三是搜查妇女的身体，是否由女侦查人员进行。四是搜查笔录，是否由侦查人员、被搜查人员或者他的家属、邻居或者其他见证人签名或盖章。如果被搜查人或者他的家属不在现场或者拒绝签名、盖章的，是否在笔录上注明。

对书证、物证的收集、查封、扣押活动合法性的监督包括以下内容：一是物证的照片、录像或者复制品和书证的副本、复制件是否由二人以上制作。二是经勘验、检查、搜查提取、扣押的物证、书证，是否附有相关笔录或者清单；笔录或者清单是否有侦查人员、物品持有人、见证人签名，没有物品持有人签名的，是否注明原因；对物品的特征、数量、质量、名称等注明是否清楚。三是扣押物证、书证的范围是否符合法律规定。四是对应当解除查封、扣押的是否予以了解除。

对鉴定活动合法性的监督包括以下内容：一是鉴定人是否存在应当回避而未回避的情形；二是鉴定机构和鉴定人是否具有合法的资质；三是鉴定程序是否符合法律及有关规定；四是检材的来源、取得、保管、送检是否符合法律及有关规定，与相关提取笔录、扣押物品清单记载的内容是否相符；五是鉴定意见的形式要件是否完备，是否注明提起鉴定的事由、鉴定委托人、鉴定机构、鉴定要求、鉴定过程、检验方法、鉴定文书的日期等相关内容，是否有鉴定机构加盖鉴定专用章并由鉴定人签名盖章。

对辨认活动合法性的监督包括以下内容：一是辨认是否在侦查人员主持下进行，主持辨认的侦查人员是否不少于二人；二是辨认人的辨认活动是否个别进行；三是辨认对象是否混杂在具有类似特征的其他对象中，或者供辨认的对象数量是否符合规定（尸体、场所等特定辨认对象除外）；四是辨认中是否给辨认人明显暗示或者明显有指认嫌疑；五是对辨认经过和结果是否制作专门的规范的辨认笔录，辨认笔录是否经侦查人员、辨认人、见证人签名或者盖章。

对技术侦查及特殊侦查措施合法性的监督包括以下内容：一是采用技术侦查的案件是否属于新刑事诉讼法第 148 条所规定的案件范围；二是技术侦查是否严格按照批准的措施种类、适用对象和期限执行，对不需要采取技术侦查措施的是否及时解除；三是对采取技术侦查措施获取的与案件无关的材料是否及时销毁；四是特殊侦查措施的采取是否诱使他人犯罪，是否可能危害公共安全或发生重大人身危险。

对通缉活动合法性的监督包括以下内容：一是是否由县级以上的公安机关在本辖区内发布通缉令；二是被通缉的对象是否是依法应当逮捕而在逃的犯罪嫌疑人；三是被通缉的人已经缉拿归案、死亡，或者通缉原因已经消失而无通缉必要的，发布通缉令的机关是否在原发布范围内立即发出撤销通缉令的通知。

对涉案财物管理合法性的监督包括以下内容：一是有无贪污、挪用、私分、调换、违反规定使用查封、扣押、冻结的财物及其孳息等情形；二是有无不按规定及时办理涉案财物的移交、返还、变卖、拍卖、销毁、上缴国库等工作的。

（二）侦查机关适用强制措施合法性监督的一般内容

1. 对拘传合法性的监督

对拘传合法性的监督包括以下内容：一是拘传的执行是否符合法定的程序，是否存在抗拒拘传的情形，械具的使用是否合法和必要；二是拘传的地点是否符合法律的规定；三是拘传证上是否填写了到案时间和讯问结束时间，拘传是否超过了 12 小时或 24 小时，超过了 12 小时的是否属于案情重大、复杂需要采取拘留、逮捕措施的，是否保证了犯罪嫌疑人的饮食和必要的休息时间，有无以连续拘传变相拘禁犯罪嫌疑人的情形。

根据新刑事诉讼法第 117 条的规定，对案情特别重大、复杂，需要采取拘留、逮捕措施的，拘传持续的时间可以延长至不超过 24 小时。在实践中，这一条有可能被滥用，也即在案情并非特别重大、复杂的情形下，侦查机关（部门）也会倾向于拘传犯罪嫌疑人超过 12 小时，因此，拘传超过 12 小时是否符合法定情形，这将是拘传合法性监督的一个重要内容。此外，拘传是否保证了犯罪嫌疑人的饮食和必要的休息时间，有无以连续拘传变相拘禁犯罪嫌疑人的情形，也是拘传合法性监督的重要内容。

2. 对取保候审合法性的监督

对取保候审合法性的监督包括以下内容：一是取保候审是否符合法定的条件；二是保证金的收取、管理、没收、退还是否合法、规范，有无要求同时提供保证人和缴纳保证金的情况，有无不指定专门的银行账户而直接收取保证金的情况，有无应退而不退还保证金、克扣保证金的情况等；三是有无取保候审期限届满不及时解除的情况，有无将取保候审、监视居住交替使用变相延长取保候审、监视居住期限的情况；四是取保候审期间是否中断了对案件的侦查。

由于新刑事诉讼法对逮捕必要性条件的进一步强调和对被取保候审人义务的强化，可能导致新刑事诉讼法实施之后取保候审适用率的提高，因此，对取保候审的合法性予以监督就变得更为重要。其中，保证金的收取、管理、没收和退还是否合法、规范，以及取保候审期限届满是否及时解除，仍将是取保候审合法性监督的重点内容。此外，实践中，采取取保候审后，长期放任不管，久侦不结的情形也比较多，还有的侦查机关将取保候审和监视居住互相交替使用，即在对犯罪嫌疑人采取取保候审措施的期限届满仍然证据不足时，将取保候审变更成为监视居住，变相延长限制犯罪嫌疑人人身自由的期限，这些都是在取保候审合法性监督中应予注意的重点问题。

3. 对监视居住合法性的监督

对监视居住合法性的监督包括以下内容：一是监视居住是否符合法定的条件；二是指定居所监视居住是否属于无固定住处的，或属于涉嫌危害国家安全犯罪、恐怖活动犯罪、特别重大贿赂犯罪，在住处执行可能有碍侦查，并经上一级人民检察院或者公安机关批准的；三是指定居所监视居住的，是否在执行监视居住后24小时以内通知被监视居住人的家属，没有通知家属的是否是因为无法通知；四是有无变相拘禁被监视居住人的情况，有无在看守所、拘留所、监狱等羁押、监管场所以及留置室、讯问室等专门的办案场所、办公区域执行监视居住的情况；五是有无对被监视居住人刑讯逼供、体罚、虐待或者变相体罚、虐待的情况；六是有无监视居住期限届满不及时解除的情况；七是监视居住期间是否中断了对案件的侦查；八是不同意犯罪嫌疑人及其法定代理人、近亲属或者辩护人取保候审申请的理由是否正当。

新刑事诉讼法第73条第4款专门规定了"人民检察院对指定居所监视居住的决定和执行是否合法实行监督"，足见指定居所监视居住合法性监督的重要性。对指定居所监视居住合法性的监督可以分为两个方面：一是对指定居所监视居住决定合法性的监督；二是对指定居所监视居住执行合法性的监督。

从指定居所监视居住的决定来看，新刑事诉讼法将指定居所监视居住的适用范围扩大到涉嫌危害国家安全犯罪、恐怖活动犯罪、特别重大贿赂犯罪，在住处执行可能有碍侦查的案件，尽管有案件适用范围的限制，有"在住处执行可能有碍侦查"这一适用条件的限制，还有须"经上一级人民检察院或公安机关批准"的程序限制，但是这条规定在实践中还是有可能会被滥用，比如突破案件范围的滥用、无视适用条件的滥用、不履行法定程序的滥用，对此要严格予以监督。根据《刑诉规则》第118条第1款、第2款的规定，对于下级人民检察院报请指定居所监视居住的案件，由上一级人民检察院侦查监督部门依法对决定是否合法进行监督。对于公安机关决定指定居所监视居住的案件，由作出批准决定公安机关的同级人民检察院侦查监督部门依法对决定是否合法进行监督。根据《刑诉规则》第119条的规定，被指定居所监视居住人及其法定代理人、近亲属或者辩护人认为侦查机关、人民法院的指定居所监视居住决定存在违法情形，提出控告或者举报，人民检察院应当受理，并报送或者移送《刑诉规则》第118条规定的承担监督职责的部门办理。人民检察院可以要求侦查机关、人民法院提供指定居所监视居住决定书和相关案件材料。经审查，发现存在不符合指定居所监视居住的适用条件、未按法定程序履行批准手续、在决定过程中有其他违反刑事诉讼法规定等行为的，应当及时通知有关机关纠正。

从指定居所监视居住的执行来看，指定居所监视居住由于不在犯罪嫌疑人住处执行，执行期限又比较长，很容易演变为变相羁押，也容易出现对被监视居住人予以刑讯逼供、体罚、虐待的情形，必须要予以严格监督。根据《刑诉规则》第120条的规定，人民检察院监所检察部门依法对指定居所监视居住的执行活动是否合法实行监督。发现下列违法情形的，应当及时提出纠正意见：一是在执行指定居所监视居住后24小时以内没有通知被监视居住人的家属的；二是在羁押场所、专门的办案场所执行监视居住的；三是为被监视居住人通风报信、私自传递信件、物品的；四是对被监视居住人刑讯逼供、体罚、虐待或者变相体罚、虐待的；五是有其他侵犯被监视居住人合法权利或者其他违法行为的。被监视居住人及其法定代理人、近亲属或者辩护人对于公安机关、本院侦查部门或者侦查人员存在上述违法情形提出控告的，人民检察院控告检察部门应当受理并及时移送监所检察部门处理。

此外，根据新刑事诉讼法的规定，除了符合取保候审条件，但犯罪嫌疑人、被告人不能提出保证人，也交不出保证金的以外，监视居住首先要求要达到逮捕条件，也即要符合有证据证明有犯罪事实，需要追究刑事责任，取保候审不足以防止发生危险性的条件，否则不能采取监视居住。而实践中，有可能出现对达不到这一条件的犯罪嫌疑人予以监视居住的情形，对此种情况的发现与纠正也应当是监视居住合法性监督中的重要内容。再就是监视居住期限届满而不解除的情形也仍然是监视居住合法性监督的重点。

4. 对刑事拘留合法性的监督

对刑事拘留合法性的监督包括以下内容：一是拘留是否符合法定的条件；二是拘留是否符合法定的程序，是否出示了拘留证，是否立即（最迟不超过 24 小时）将被拘留人送看守所羁押；三是是否在 24 小时内通知了被拘留人的家属，没有及时通知家属的是否属于无法通知的情形或者属于涉嫌危害国家安全犯罪、恐怖活动犯罪通知可能有碍侦查的情形，以及有碍侦查的情形消失以后，是否立即通知被拘留人家属；四是是否在法定期限内提请批准逮捕或者将被拘留人予以释放，拘留后超过 7 日才提请批准逮捕的是否属于流窜作案、多次作案、结伙作案的重大嫌疑分子。

拘留是一种临时性剥夺犯罪嫌疑人人身自由的强制措施，具有严格的适用条件。但是实践中，无视拘留的条件，以拘代侦、以拘促赔的情况比较普遍。很多案件因害怕犯罪嫌疑人逃跑，一经立案就对犯罪嫌疑人予以刑事拘留，利用刑事拘留期间进行侦查。对轻微刑事案件的犯罪嫌疑人，采取取保候审不致发生危险性的，侦查机关往往都会对其先予以刑事拘留，待刑事拘留期限届满再取保候审。另外，在有些案件中，为了让犯罪嫌疑人尽快赔偿被害人的损失，也往往会对犯罪嫌疑人采取拘留措施，如在交通肇事案中，如果肇事司机对被害人的赔偿请求置若罔闻，有的公安机关就会对肇事司机采取拘留措施以促使其赔偿。对这些无视拘留条件而以拘代侦、以拘促赔的情形要予以监督纠正。此外，实践中任意延长拘留期限的现象也比较普遍，对不属于流窜作案、多次作案、结伙作案的，也都掌握在 30 日以下的期限内提请批准逮捕或者释放犯罪嫌疑人，甚至还存在超过 30 日才提请批准逮捕或释放犯罪嫌疑人的情形。对任意延长拘留期限、超期拘留的情形予以监督是刑事拘留合法性监督的重要内容。再者，根据新刑事诉讼法的规定，拘留后，应当立即将被拘留人送看守所羁押，至迟不得超过 24 小时。但实践中可能存在拘留后超过 24 小时仍不将犯罪嫌疑人送看守所羁押的情况,这种情况也是拘留合法性监督的重点。

5. 对逮捕合法性的监督

对逮捕合法性的监督包括以下内容:一是逮捕是否符合法定的条件;二是有无遗漏应当逮捕的犯罪嫌疑人;三是逮捕是否符合法定的程序,是否出示了逮捕证,逮捕后是否立即将被逮捕人送看守所羁押,是否在24小时内通知家属,没有通知的是否是因为确实无法通知;四是羁押期限的延长是否符合法定的条件与程序,有无超期羁押的情况;五是强制措施的撤销与变更是否符合法律的规定,对应当撤销、变更的是否及时予以了撤销、变更;六是不同意犯罪嫌疑人及其法定代理人、近亲属或者辩护人取保候审申请的理由是否正当。

审查逮捕是对逮捕合法性予以监督的重要途径,审查逮捕主要是要审查对犯罪嫌疑人予以逮捕是否符合法定的条件,包括是否具有逮捕的必要,但同时也要注意发现有无应当逮捕而侦查机关未提请批准逮捕的犯罪嫌疑人。如果发现有此种情况,应当建议侦查机关提请批准逮捕,如果侦查机关仍不提请批准逮捕或者不提请批准逮捕的理由不能成立的,人民检察院也可以直接作出逮捕决定,送达公安机关执行。实践中,导致这种漏捕情况的原因有很多:一是在罪与非罪的界限上把握不准。犯罪嫌疑人已经涉嫌犯罪并符合逮捕条件,侦查机关却没有将其移送检察机关处理。二是在证据上审查不严。对证据的审查不细致,对材料中显露的一些问题不重视;对一些关系罪与非罪的关键证据没有进行认真核实,造成漏捕。三是在个别案件上以罚代刑。将刑事案件作治安处理,以罚代刑,使犯罪嫌疑人没有依法受到刑法追究。四是在侦查思路上有重破案轻办案的倾向。侦查机关在办理一些重大案件时,侦破案件时多人参与,各自取证,破案后没有对案件涉及的事实和证据进行仔细的汇总审查,有的造成证据矛盾,有的仅把主要犯罪嫌疑人移送检察机关处理,造成其他犯罪嫌疑人漏捕。五是对犯罪嫌疑人变更强制措施后搁置不查。侦查机关对犯罪嫌疑人采取拘留或者逮捕,在依法变更强制措施后,往往没有继续对案件进行侦查,造成犯罪嫌疑人漏捕。六是对犯罪嫌疑人另案处理不当而造成漏捕。侦查机关对一些比较隐蔽的犯罪线索没有深挖细查，对工作量较大又不易查办的案件，常常对犯罪嫌疑人作另案处理而造成漏捕。因此，为发现并纠正漏捕现象，应着重从以下几个方面对案件进行审查：一是加强对共同犯罪案件的审查。共同犯罪由于参与人员众多，侦查机关可能只注重对直接行为人、直接致害人员的处罚，而忽视对于帮助犯等从犯的处理，尤其表现在非典型性共同犯罪上。二是加强对关联犯罪案件的审查。关联犯罪是指两种之间具有承接或其他相关联系的犯罪，如组织卖淫与协助组织卖淫等犯罪，盗窃、诈骗等侵财型犯罪与掩饰隐瞒犯罪所得罪等妨害司法犯罪。对这类关联犯罪，侦查机关往往仅提请逮捕其中的重罪行为人而遗漏轻罪行为人，或者仅注重对于本罪追究相关人员的刑事责任，而忽视了对派出犯罪、下游犯罪的处理。三是加强对涉及"另案处理人员"案件的审查。对于侦查机关将多人共同犯罪案件中部分嫌疑人提请批准逮捕，而将另一部分嫌疑人直接取保候审或者在案件提捕时注明"另案处理"的案件，要重点审查提出的另案处理意见是否于法有据，是否存在漏捕以及采取强制措施不当的情况。

【案例】对应当逮捕而侦查机关未提请批准逮捕的犯罪嫌疑人应当予以追捕

张某等人诈骗案

基本案情：

2009年5月至2010年10月，犯罪嫌疑人张某以办理分配到矿务局工作和到矿务局技校上学、矿务局工作转正、调动工作等为名，诈骗被害人孙某、康某、郭某、张某等50余人300余万元。在2009年9月15日至2010年8月24日期间，中间人腾某、周某共为张某介绍有相关需求的人员15次，收取费用1005000元，其中交给张某773400元，两人均分得好处费113300元。

侦查监督情况：

本案中，侦查机关认为犯罪嫌疑人张某与腾某、周某没有事先商量诈骗的共谋行为，腾某、周某的行为不构成共犯。并且，腾某和周某在一定程度上也属受害者，二人一直深信张某有深厚的关系背景，答应的事一定可以办成，结果张某一件事也没办成，导致滕某、周某也面临着巨额的赔偿要求。

但是，检察机关侦查监督部门的承办人通过对案件的仔细审查却发现，腾某和周某最初对张某的话信以为真，于是陆陆续续向他介绍很多急需求职的人，并从中收取好处费。但是随着时间的推移，部分被害人要求退款，张某也只退了部分费用，腾某、周某已对此心生怀疑。在对犯罪嫌疑人张某进行提审的过程中，承办人员了解到张某多次与腾某、周某电话联系，商量介绍工作的事情。据其交代，曾有一次为了骗取被害人信任，其在腾某家中，以某集团总经理名义与被害人通话，打消被害人顾虑后成功骗得近万元，腾某作为在场人理应知道这一行为的性质。但腾、周二人非但没有去求职单位咨询查证，相反继续做着犯罪嫌疑人张某诈骗的"中间人"，在长达1年的时间里，共使14位被害人损失共约100万元。结合案件的其他证据材料认为腾某和周某涉嫌诈骗共犯，并有逮捕必要。遂在批准逮捕犯罪嫌疑人张某的同时发出《应当逮捕犯罪嫌疑人意见书》。

后侦查机关经过两个多月的侦查，完善了证据材料，调取了腾某给11名被害人打的工作费用的收据复印件，扣押了腾某、周某记录收取、分配工作费用的账本，并于2010年3月14日提请批准逮捕犯罪嫌疑人腾某、周某。检察机关于2010年3月15日批准逮捕二人。经法院审理，犯罪嫌疑人张某、腾某、周某均以诈骗罪被判处徒刑以上刑罚。

【案例评析】

犯罪嫌疑人1年内诈骗多次的行为属于刑法理论上的连续犯。所谓连续犯是指基于同一的或者概括的犯罪故意，连续数次实施犯罪行为，触犯同一罪名的情况。在诈骗行为连续的情况下，腾某、周某主观上应当知道犯罪嫌疑人张某的行为是虚构事实、隐瞒真相的诈骗行为,即明知为张某介绍"客户"并索要"费用"的行为会导致求职者财产损失的结果而放任该结果的发生,这样的情况符合"主犯"和"帮助犯"的角色分配,故周某、腾某应为诈骗的共犯。

本案以纠正漏捕的方式对侦查活动进行监督,认定事实准确、适用法律正确,案件生效判决对审查逮捕时所涉及的案件事实定性与审查逮捕的定性一致,并对审查批捕的所有犯罪嫌疑人作出徒刑以上的有罪判决,取得了良好的法律效果。同时,本案被害人众多且多次向公安机关、政府机关、检察机关反映情况,检察机关以纠正漏捕的方式减少了不必要的群众上访,维护了社会秩序稳定,取得了良好的社会效果。

对捕后变更强制措施合法性的监督也是逮捕合法性监督的重要内容。实践中可能存在两种情况:一是对应当撤销、变更逮捕措施的,不予撤销、变更;二是因受到利益驱动或出于人情关系而任意扩大捕后变更强制措施的范围。对前者的监督要关注以下情况:一是捕后案件事实认定、证据情况是否发生变化。由于有些重大、复杂、疑难案件在拘留期间无法侦查清楚,而犯罪嫌疑人又具有极大的社会危险性,为保证案件的侦查顺利进行,需要对犯罪嫌疑人采取逮捕措施。而逮捕之后,伴随着案件的侦查,导致证据情况发生变化。例如出现对犯罪嫌疑人不可能判处有期徒刑以上刑罚,甚至排除了在押犯罪嫌疑人的作案嫌疑的,这种情况需要立即对犯罪嫌疑人变更强制措施。二是犯罪嫌疑人是否真诚悔罪,对其取保候审是否已足以防止危险性。在一些故意伤害、交通肇事、过失致人重伤等案件中,在审查逮捕阶段,可能由于犯罪嫌疑人没有赔偿被害方损失也没有取得被害方的谅解而批准逮捕,而批准逮捕后,犯罪嫌疑人真诚悔罪并积极赔偿损失,从而得到了被害方谅解的,取保候审足以防止发生危险性的,应当变更强制措施。三是犯罪嫌疑人是否有不适合关押的疾病或者是正在怀孕、哺乳期的妇女,且对其予以取保候审足以防止发生危险性。犯罪嫌疑人被逮捕后,如果发现犯罪嫌疑人患有严重疾病需要治疗或者有严重的传染性疾病不适合关押，或者是正在怀孕、哺乳期的妇女，应审查对其予以取保候审是否足以防止发生危险性，如果足以防止，就应当对其变更强制措施。同时要注意，此种变更必须以县级以上医院的相关证明或相关的司法鉴定为依据，以防止通过虚构病情等方式任意变更逮捕措施。四是是否存在其他不适宜且不必要继续羁押的情况，如被逮捕人年龄太大、对其取保候审足以防止发生危险性的情况等。由于新刑事诉讼法进一步强调逮捕的必要性原则并要求人民检察院在批准或决定逮捕犯罪嫌疑人后仍应对羁押的必要性进行审查。因此，对被逮捕人是否仍有必要继续羁押，是否存在对被逮捕人已无继续羁押之必要而仍继续羁押的现象，将成为新刑事诉讼法实施之后逮捕合法性监督的重要内容。此外，实践中还存在因受到利益驱动或出于人情关系而任意变更逮捕措施，将仍有羁押必要的被逮捕人取保候审或予以释放的情况，这可能会造成串供、隐藏、毁灭证据甚至犯罪嫌疑人逃跑的严重后果，对于此种现象，也仍要予以监督和纠正。

逮捕措施合法性监督的另一重点是对超期羁押的发现与纠正。超期羁押，不仅包括被逮捕人被超过法定期限地予以羁押，也包括被拘留人在法定期限内没有被提请批准逮捕也没有被释放或变更强制措施的情况。超期羁押不仅严重侵害犯罪嫌疑人的合法权益，而且违背法治理念，亵渎法律尊严，严重损害了公安司法机关在人民群众中的形象，对超期羁押现象必须予以坚决严格的监督和坚决的纠正。

二、侦查活动监督主要发现和纠正的违法行为

如前文所述，从理论上讲，侦查活动监督的内容应当包括所有侦查监督对象的所有侦查活动是否依法进行。但是，在现实中，对所有侦查监督对象的所有侦查活动的合法性都予以事无巨细的监督，这是不切实际的，因此，《刑诉规则》第565条规定了侦查监督活动主要发现和纠正违法的情形。

根据该条规定，侦查活动监督主要发现和纠正以下违法行为：一是采用刑讯逼供以及其他非法方法收集犯罪嫌疑人供述的；二是采用暴力、威胁等非法方法收集证人证言、被害人陈述，或者以暴力、威胁等方法阻止证人作证或者指使他人作伪证的；三是伪造、隐匿、销毁、调换、私自涂改证据，或者帮助当事人毁灭、伪造证据的；四是徇私舞弊，放纵、包庇犯罪分子的；五是故意制造冤、假、错案的；六是在侦查活动中利用职务之便谋取非法利益的；七是非法拘禁他人或者以其他方法非法剥夺他人人身自由的；八是非法搜查他人身体、住宅，或者非法侵入他人住宅的；九是非法采取技术侦查措施的；十是在侦查过程中不应当撤案而撤案的；十一是对与案件无关的财物采取查封、扣押、冻结措施，或者应当解除查封、扣押、冻结不解除的；十二是贪污、挪用、私分、调换、违反规定使用查封、扣押、冻结的财物及其孳息的；十三是应当退还取保候审保证金不退还的；十四是违反刑事诉讼法关于决定、执行、变更、撤销强制措施规定的；十五是侦查人员应当回避而不回避的；十六是应当依法告知犯罪嫌疑人诉讼权利而不告知，影响犯罪嫌疑人行使诉讼权利的；十七是阻碍当事人、辩护人、诉讼代理人依法行使诉讼权利的；十八是讯问犯罪嫌疑人依法应当录音或者录像而没有录音或者录像的；十九是对犯罪嫌疑人拘留、逮捕、指定居所监视居住后依法应当通知家属而未通知的；二十是在侦查中有其他违反刑事诉讼法有关规定的行为的。

该条前19项的规定实际上起到了一个重点引导的作用，引导人民检察院在办案过程中注重发现这19类问题。而第20项说明，无论人民检察院在办案过程中发现侦查机关有什么样的违法行为，都应当予以督促纠正。

第三节 侦查活动监督的程序和方法

一、侦查活动监督的途径

侦查活动监督的途径是指人民检察院对侦查活动予以监督,以发现违法情况的途径。侦查活动监督的途径主要包括:介入侦查,审查逮捕和审查延长侦查羁押期限,审查起诉,受理有申诉、控告、来信来访,专项检查,羁押必要性审查,参与社会治安综合治理等。

(一) 介入侦查

介入侦查是指人民检察院应侦查机关的邀请或者根据侦查活动监督的需要,派员参加侦查机关对于重大案件的讨论和其他侦查活动,从而引导侦查机关取证和依法开展侦查活动监督。检察机关适时介入侦查既发挥引导侦查取证的作用,提高侦查机关办案质量,又能够及时掌握侦查机关对案件的侦查情况,防止出现违法行为及在发现违法行为后能够及时提出纠正意见。因此,"介入侦查"是开展侦查活动监督的一项有效途径。

(二) 审查逮捕和审查延长侦查羁押期限

审查逮捕和审查延长侦查羁押期限是侦查活动监督中最常规、最直接有效的监督途径,最容易发现侦查活动中的违法行为。

在审查逮捕中,人民检察院侦查监督部门可以通过查阅案卷、讯问犯罪嫌疑人、询问证人等诉讼参与人、听取辩护律师的意见等方式来发现侦查活动中的违法行为。

审查延长侦查羁押期限主要采书面审查的方式,虽然审查的主要目的是在于确定侦查机关(部门)延长羁押期限的请求是否符合法律的规定,但是在这一过程中也很有可能发现侦查活动中的违法行为。因此,侦查监督部门审查延长侦查羁押期限时,不仅要注意对羁押起止时间和申请延长理由的审查，也要注意对相关侦查活动合法性的审查。

（三）审查起诉

侦查活动是否合法是公诉部门审查起诉时必须要查明的重要内容。因此，审查起诉的直接目的虽然是判断案件是否符合提起公诉的标准，以决定是否提起公诉，但同时，审查起诉实际上也是开展侦查监督、发现侦查活动中违法行为的一个重要途径。

（四）受理申诉、控告、来信来访

根据新刑事诉讼法第 115 条的规定，当事人和辩护人、诉讼代理人、利害关系人对于司法机关及其工作人员有下列行为之一的，有权向该机关申诉或者控告：一是采取强制措施法定期限届满，不予以释放、解除或者变更的；二是应当退还取保候审保证金不退还的；三是对与案件无关的财物采取查封、扣押、冻结措施的；四是应当解除查封、扣押、冻结不解除的；五是贪污、挪用、私分、调换、冻结的财物的。受理申诉或者控告的机关应当及时处理。对处理不服的，可以向同级人民检察院申诉；人民检察院直接受理的案件，可以向上一级人民检察院申诉。人民检察院对申诉应当及时进行审查，情况属实的，通知有关机关纠正。根据《刑诉规则》第 574 条的规定，当事人和辩护人、诉讼代理人、利害关系人对于办理案件的机关及其工作人员有刑事诉讼法第 115 条规定的行为，向该机关申诉或者控告，对该机关作出的处理不服，或者该机关未在规定时间内作出答复，向人民检察院申诉的，办理案件的机关的同级人民检察院应当及时受理。人民检察院直接受理的案件，对办理案件的人民检察院的处理不服的，可以向上一级人民检察院申诉，上一级人民检察院应当受理。未向办理案件的机关申诉或者控告，或者办理案件的机关在规定时间内尚未作出处理决定，直接向人民检察院申诉的，人民检察院应当告知其向办理案件的机关申诉或者控告。人民检察院在审查逮捕、审查起诉中发现有违法情形的，可以直接监督纠正。对当事人和辩护人、诉讼代理人、利害关系人提出的刑事诉讼法第115条规定情形之外的申诉或者控告,人民检察院应当受理,并及时审查,依法处理。受理申诉、控告是检察机关发现侦查活动中违法行为的重要途径。

认真对待群众的来信来访,也是发现侦查违法情况的重要途径。2010年2月,最高人民检察院印发《关于深入推进社会矛盾化解、社会管理创新、公正廉洁执法的实施意见》,强调健全涉检信访工作机制,坚持把解决问题放在首位,健全落实首办责任制和领导接访、下访、巡访等制度,综合采取依法处理、教育疏导、救助救济等措施,规范工作流程,完善终结机制,促进实现案结事了、息诉罢访。人民检察院在接待群众来访、接受群众来信中,可以从举报线索中发现侦查机关在侦查活动中违反法律法规的情况,对存在的问题应当重视,核查后予以正确处理。

(五) 羁押必要性审查

新刑事诉讼法第93条规定,犯罪嫌疑人、被告人被逮捕后,人民检察院仍应当对羁押的必要性进行审查。对不需要继续羁押的,应当建议予以释放或者变更强制措施。羁押必要性审查也是侦查活动监督的重要途径。由于前文中有关于羁押必要性审查的专门论述,这里不再赘述。

(六) 专项检查

专项检查是指人民检察院定期对法律监督对象的特定行为进行检查,以达到整顿作风、清查顽垢、发现问题、纠正问题的活动。专项检查的针对性较强,发现的问题较为普遍,是实践中检察机关开展侦查活动监督的有效途径。

(七) 参与社会治安综合治理

社会治安综合治理,是指在党委和政府的统一领导下,动员和依靠全社会各方面力量,充分发挥政法机关职能作用,通过思想、政治、经济、文化、行政和法律的各种手段，打击犯罪、预防犯罪、改造罪犯，积极消除可能影响社会治安稳定的各种因素，以保证社会长治久安的一系列制度措施。在参与社会综合治理中，人民检察院可以更好地发挥法律监督职能，将监督触角延伸至各行各业，并从参与活动中大范围、深层次地发现侦查活动存在的问题。

二、侦查活动监督中各部门的职责

人民检察院的很多部门都可能在本部门工作中发现侦查活动中的违法行为，那么，各部门的职责究竟如何划分呢？《刑诉规则》对此作出了一些规定，主要包括如下几个方面：

首先，介入侦查，根据诉讼所处的阶段，分别由侦查监督部门或公诉部门负责，并且，对在此过程中发现侦查活动中存在违法行为的，也分别由侦查监督部门或公诉部门提出纠正意见。根据新刑事诉讼法第85条的规定，公安机关要求逮捕犯罪嫌疑人的时候，应当写出提请批准逮捕书，连同案卷材料、证据，一并移送同级人民检察院审查批准。必要的时候，人民检察院可以派人参加公安机关对于重大案件的讨论。这里的"介入"应当由人民检察院侦查监督部门负责。此外，根据新刑事诉讼法第132条的规定，人民检察院审查案件的时候，对公安机关的勘验、检查，认为需要复验、复查时，可以要求公安机关复验、复查，并且可以派检察人员参加。这里的"介入"则根据刑事诉讼所处的诉讼阶段，可能由人民检察院侦查监督部门负责，也可能由公诉部门负责。《刑诉规则》在"审查逮捕"和"审查起诉"章也均有关于"介入侦查"的规定。其中，"审查逮捕"章第333条规定，对于省级以下（不含省级）人民检察院报请审查逮捕的重大、疑难、复杂的案件，下级人民检察院侦查部门可以提请上一级人民检察院侦查监督部门和本院侦查监督部门派员介入侦查，参加案件讨论。上一级人民检察院侦查监督部门和下级人民检察院侦查监督部门认为必要时，可以报经检察长批准，派员介入侦查，对收集证据、适用法律提出意见，监督侦查活动是否合法。"审查起诉"章第361条规定，对于重大、疑难、复杂的案件，人民检察院认为确有必要时，可以派员适时介入侦查活动，对收集证据、适用法律提出意见，监督侦查活动是否合法。

其次，审查逮捕、审查延长侦查羁押期限、侦查阶段的羁押必要性审查、侦查阶段犯罪嫌疑人未被羁押的公安机关办案期限的监督、对侦查阶段指定居所监视居住决定合法性的监督由侦查监督部门负责。《刑诉规则》第303条规定，人民检察院审查批准或者决定逮捕犯罪嫌疑人，由侦查监督部门办理；第279条第1款规定，人民检察院审查批准或者决定延长侦查羁押期限，由侦查监督部门办理；第617条规定，侦查阶段的羁押必要性审查由侦查监督部门负责；第615条规定，对侦查阶段犯罪嫌疑人未被羁押的公安机关办案期限的监督，由人民检察院侦查监督部门负责；第118条规定，对侦查阶段指定居所监视居住决定是否合法的监督，由人民检察院侦查监督部门负责。

再次，对指定居所监视居住执行活动的监督、对公安机关的侦查羁押期限的监督、对被拘留、逮捕的犯罪嫌疑人送看守所羁押后看守所执法活动的监督由监所检察部门负责。《刑诉规则》第120条第1款规定，人民检察院监所检察部门依法对指定居所监视居住的执行是否合法实行监督；第615条规定，对公安机关办理案件的羁押期限的监督，由人民检察院监所检察部门负责；第629条规定，对被拘留、逮捕的犯罪嫌疑人送看守所羁押后看守所执法活动的监督，由人民检察院监所检察部门负责。

此外，尽管侦查阶段的羁押必要性审查由侦查监督部门负责，但根据《刑诉规则》第617条的规定，监所检察部门在监所检察工作中发现不需要继续羁押的，可以提出释放犯罪嫌疑人或者变更强制措施的意见。

复次，根据《刑诉规则》第615条的规定，对人民检察院办理自侦案件的侦查羁押期限和办案期限的监督，由本院案件管理部门负责。

同时，为了便于监所检察部门和案件管理部门履行对侦查羁押和办案期限的监督职能,根据《刑诉规则》第622条的规定,人民检察院侦查部门、侦查监督部门在办理案件过程中,犯罪嫌疑人、被告人被羁押的,具有下列情形之一的,应当在作出决定或者收到决定书、裁定书后10日以内通知负有监督职责的人民检察院监所检察部门或者案件管理部门以及看守所:一是批准或者决定延长侦查羁押期限的;二是对于人民检察院直接受理立案侦查的案件,决定重新计算侦查羁押期限、变更或者解除强制措施的;三是对犯罪嫌疑人、被告人进行精神病鉴定的。而根据《刑诉规则》第566条第2款的规定,监所检察部门发现侦查中违反法律规定的羁押和办案期限规定的,应当依法提出纠正意见,并通报侦查监督部门。可见,在侦查监督活动中,人民检察院的各部门应加强沟通与合作,以更及时、更有效地对侦查活动的合法性予以监督。

最后,根据《刑诉规则》第575条的规定,对人民检察院办理自侦案件中的违法行为的控告、申诉,以及对其他侦查机关对控告、申诉的处理不服向人民检察院提出申诉的,由人民检察院控告检察部门受理。控告检察部门对本院办理案件中的违法行为的控告,应当及时审查办理;对下级人民检察院和其他侦查机关的处理不服向人民检察院提出的申诉,应根据案件的具体情况及时移送侦查监督部门或者监所检察部门审查办理。

三、发现违法行为的处理

人民检察院发现侦查机关的侦查活动中存在违法行为的,可根据违法行为的严重程度等因素,通过口头或书面的方式予以纠正,构成犯罪的要依法追究刑事责任。

(一)口头纠正

口头纠正,是指人民检察院发现侦查机关的侦查活动中存在情节较轻的违法行为时,由检察人员以口头方式提出纠正意见的侦查监督方式。

口头纠正的适用对象是情节较轻的违法行为。

口头纠正的适用程序是由相关部门的检察人员以口头方式向侦查人员或者公安机关负责人提出纠正意见,并及时向本部门负责人汇报;必要的时候,由部门负责人提出。

口头纠正,一般不要求侦查机关(部门)给予书面答复,可以要求侦查机关(部门)就监督落实情况给予口头答复。检察人员应当对提出口头纠正意见的案件、时间、事项、监督落实情况及时进行登记。

(二) 书面纠正

书面纠正,是指人民检察院发现侦查机关的侦查活动中存在情节较重的违法行为时,向侦查机关发出纠正违法通知书并监督落实的侦查监督方式。

书面纠正的适用对象是情节较重的违法行为。

书面纠正的适用程序如下:一是向侦查机关发出纠正违法通知书。向侦查机关发出纠正违法通知书的,应当报请检察长批准。二是根据公安机关的回复监督落实情况。公安机关没有回复的,应当督促公安机关回复。三是对公安机关的复议请求进行复查并作出相应处理。根据《刑诉规则》第571条的规定,人民检察院提出的纠正意见不被接受,公安机关要求复查的,应当在收到公安机关的书面意见后7日以内进行复查。经过复查,认为纠正违法意见错误的,应当及时撤销;认为纠正违法意见正确的,应当及时向上一级人民检察院报告。上一级人民检察院经审查,认为下级人民检察院的纠正意见正确的,应当及时通知同级公安机关督促下级公安机关纠正;认为下级人民检察院的纠正意见不正确的,应当书面通知下级人民检察院予以撤销,下级人民检察院应当执行,并及时向公安机关及有关侦查人员说明情况。同时,将调查结果及时回复申诉人、控告人。此外,需要注意的是,《纠正违法通知书》不得越权制发。对于同级或者下级侦查机关的侦查活动存在违法行为的,人民检察院可以直接制发《纠正违法通知书》;对于上级侦查机关侦查活动存在违法行为的,人民检察院应当层报与该侦查机关同级的人民检察院制发《纠正违法通知书》。人民检察院向本辖区以外的同级或下级侦查机关制发《纠正违法通知书》，应当同时抄送当地人民检察院协助落实监督事项。

【案例】对侦查活动中情节较重的违法行为，应予书面纠正

霍某、高某盗窃案

基本案情：

2011年5月5日10时许，犯罪嫌疑人霍某、高某伙同高乙（在逃）驾驶高某所提供的黑色马自达轿车窜至滨河小区9号楼1605室受害人彭某的家中，由霍某在楼下放哨把风，高某、高乙上楼以敲门的形式确定受害人家中无人后用霍某事先从网络上购买的智能钥匙开门盗窃，盗得各种金币、金砖、金银首饰及其他财物，总价值约21万元。所盗金银财物由高乙负责销赃，其余财物由霍某负责销赃给犯罪嫌疑人段某，共得赃款1万余元，所得赃款均被霍某、高某、高乙三人挥霍。

2011年5月26日9时许，犯罪嫌疑人霍某、高某伙同高乙（在逃）以同样方式，从滨河小区10号楼20层5号受害人韩某家盗窃珍贵手表、金银饰品等财物，价值150万元左右。所盗财物部分由霍某、高某、高乙三人销赃给犯罪嫌疑人段某，并得赃款3万余元，所得赃款均被霍某、高某、高乙三人挥霍。还有部分财物存放在车里，后被警察抓捕时发现。

侦查监督情况：

人民检察院在审查逮捕时发现，本案的侦查活动中存在两处违法情形：一是没有扣押涉案财物，也没有返还被害人；二是没有对被盗财物进行价格鉴定。

公安机关的抓获经过中写明，在抓获犯罪嫌疑人霍某、高某时，发现其车中有大量黄金饰品、手表等物。但是在本案证据材料

里并未附有扣押物品清单也无发还物品清单,也没有物证照片。根据原刑事诉讼法第114条的规定,在勘验、搜查中发现的可用以证明犯罪嫌疑人有罪或者无罪的各种物品和文件,应当扣押。第115条规定,对于扣押的物品和文件,应当会同在场见证人和被扣押物品持有人查点清楚,当场开列清单一式二份,由侦查人员、见证人和持有人签名或者盖章,一份交持有人,另一份附卷备查。本案中,在犯罪嫌疑人车中搜查出的大量黄金饰品和名贵手表,据霍某、高某交代均为入室盗窃的赃物,故这些物品系可证明犯罪嫌疑人有罪的原始证据,应当清点后扣押,并当场开列清单。公安机关没有扣押赃物并开列清单的行为违反了原刑事诉讼法第114条、第115条的规定,导致失主的物品无法查清追回多少、销赃多少,也无法对之进行价格鉴定,无法准确确定盗窃数额,从而导致无法准确量刑,属于情节严重的违法行为。因此,人民检察院向公安机关发出了《纠正违法通知书》。

后公安机关将纠正情况回复人民检察院,侦查人员已将查获的赃物扣押,并制作清单,待追赃完毕后再发还被害人。最终,本案经法院审理,犯罪嫌疑人霍某、高某均被以盗窃罪被判处徒刑以上刑罚。

【案例评析】

审查逮捕是发现侦查活动中有无违法行为的有效途径,在审查逮捕中,不仅要注重审查犯罪嫌疑人是否符合逮捕条件,也要注重审查侦查机关的侦查活动有无违法情形。对存在违法行为的,情节较轻的,可口头纠正;情节较重的,应报检察长批准后,向公安机关发出纠正违法通知书,并根据公安机关的回复监督落实情况。

(三)追究刑事责任

追究刑事责任,是指人民检察院发现侦查人员的违法行为情节严重,构成犯罪、需要追究刑事责任的,对其予以立案侦查的监督方式。

根据《刑诉规则》第572条的规定,人民检察院侦查监督部门、公诉部门发现侦查人员在侦查活动中的违法行为情节严重，构成犯罪的，应当移送本院侦查部门审查，并报告检察长。侦查部门审查后应当提出是否立案侦查的意见，报请检察长决定。对于不属于本院管辖的，应当移送有管辖权的人民检察院或者其他机关处理。

（四）其他处理

实践中，对发现侦查机关的侦查活动中存在违法行为的，还有一些其他的处理方式。如建议更换办案人员。

建议更换承办人是指人民检察院发现侦查人员在侦查中玩忽职守不履行法定职责，或者有违法行为不适合继续进行本案侦查工作等情形，可以建议侦查机关更换办案人员的监督方式。实践中，具有下列情形之一的，检察机关可以建议更换办案人：一是侦查人员在侦查中玩忽职守不履行法定职责，致使证据有可能损毁或无法取证的；二是侦查人员有违法行为拒不改正，尚未构成犯罪，但是不适合继续负责案件侦查工作的；三是侦查人员依法应当回避而没有回避的。

更换办案人员的建议应当经检察长批准。建议书应当由承办人制作，写明需更换办案人的案件、违法情况、建议理由等内容，报部门负责人审核后，经检察长批准，向公安机关发出。

此外，根据《刑诉规则》第573条的规定，对于人民检察院直接受理立案侦查的案件，有关部门发现本院侦查部门的侦查活动中有违法行为的，情节较轻的，可以直接向侦查部门提出纠正意见；情节较重或者需要追究刑事责任的，应当报请检察长决定。上级人民检察院发现下级人民检察院在侦查活动中有违法情形的，应当通知其纠正。下级人民检察院应当及时纠正，并将纠正情况报告上级人民检察院。

四、跟踪监督

跟踪监督，又叫后续监督，是指检察机关对侦查监督（包括审查逮捕、立案监督、侦查活动监督）执行情况的后续的跟踪检查、督促办理工作。跟踪监督的目的在于构建一个全程监督的工作模式，善始善终，确保监督工作取得实效。

（一）跟踪监督的适用情形

实践中，跟踪监督主要包括对追捕进展，立案监督案件的查处，存疑不捕案件的补充侦查，相对不捕案件的最终处理，附条件逮捕案件的侦查进展，逮捕决定的执行情况，捕后变更强制措施情况，捕后取证意见、纠正违法意见、检察建议的落实等情况的跟踪检查和督促办理。

其中，对存疑不捕案件、附条件逮捕案件，主要跟踪监督公安机关是否参照补充侦查提纲进行了补充侦查；经过补充侦查、补充证据的，是否再次提请批准逮捕；经过补充侦查，证据仍然不足的，是否立即释放逮捕对象并作出撤案处理。

对追捕案件，首次跟踪监督一般在提出追捕意见1个月后进行。已追捕到案的，监督到案时间、逮捕案由、抓获后认罪情况、案件证据进展情况，是否移送审查起诉等；尚未到案的，监督公安机关有无上网追讨、上网追讨的时间等。后续跟踪监督应定期进行，一般为首次跟踪监督后每两个月进行一次，直至案件得出最终处理结果。

对立案监督案件，主要跟踪公安机关是否及时立案，是否积极、有效地开展侦查工作。对已经立案的，在必要时，还要通过现场勘查、参与讯问、询问、案件讨论等形式对侦查活动实施有效引导，从审查逮捕的角度对公安机关的查证工作提出积极建议，督促其及时收集、固定和完善证据，对怠于侦查或其他不适当的侦查行为及时提出纠正意见，从而确保立案监督取得实质成效。

（二）跟踪监督的具体方法

为保障跟踪监督的落实，可实行谁主办谁跟踪制度，并将跟踪监督的工作开展和落实情况纳入个人绩效考核。具体而言，对于适用跟踪监督的案件，承办人应以电话询问、上门调查等方式定期进行动态监督，并填写相应的跟踪监督情况表，除写明诉讼阶段、侦查进展等外，还应记录跟踪监督的时间、方式、联系人及提出的监督意见或建议。由内勤统一制作管理台账，并对各类决定执行回执予以初步审查、统一记录。

对后续监督过程中发现公安机关多次出现同类的不规范情况的，应以书面形式报部门负责人、分管检察长同意，以通报形式提出纠正意见，要求公安机关整顿并回复。

第四节　介入侦查

一、介入侦查概述

介入侦查是指人民检察院侦查监督部门、公诉部门应侦查机关（部门）的邀请或者根据办案的需要，派员参加侦查机关（部门）对于重大案件的讨论和其他侦查活动，从而引导侦查机关取证和依法开展侦查活动监督的活动。

介入侦查的任务有两个方面：一是引导取证，也即检察机关针对案件侦查、取证中的一些困难和问题，提出有针对性的取证建议，要求侦查机关提供审查逮捕或法庭审判所需要的证据，使侦查取证按照既要追究犯罪，又要保障人权的需要进行。二是监督侦查活动的合法性。人民检察院侦查监督部门或公诉部门介入侦查，可以及时防止、发现和纠正侦查机关侦查活动中的违法行为。

二、介入侦查的程序与方法

（一）介入侦查的适用范围

新刑事诉讼法和《刑诉规则》关于介入侦查的规定主要有以下几条：新刑事诉讼法第85条规定，公安机关要求逮捕犯罪嫌疑人的时候，应当写出提请批准逮捕书，连同案卷材料、证据，一并移送同级人民检察院审查批准。必要时，人民检察院可以派人参加公安机关对于重大案件的讨论。第132条规定，人民检察院审查案件的时候，对公安机关的勘验、检查，认为需要复验、复查时，可以要求公安机关复验、复查，并且可以派检察人员参加。《刑诉规则》"审查逮捕"章第333条规定，对于重大、疑难、复杂的案件，下级人民检察院侦查部门可以提请上一级人民检察院侦查监督部门和本院侦查监督部门派员介入侦查，参加案件讨论。上一级人民检察院侦查监督部门和下级人民检察院侦查监督部门认为必要时，可以报经检察长批准，派员介入侦查，对收集证据、适用法律提出意见，监督侦查活动是否合法。"审查起诉"章第361条规定，对于重大、疑难、复杂的案件，人民检察院认为确有必要时，可以派员适时介入侦查活动，对收集证据、适用法律提出意见，监督侦查活动是否合法。"侦查活动监督"章第567条规定，人民检察院根据需要可以派员参加公安机关对于重大案件的讨论和其他侦查活动，发现违法行为，情节较轻的可以口头纠正，情节较重的应当报请检察长批准后，向公安机关发出纠正违法通知书。

根据以上规定，介入侦查的适用范围应为"重大案件"或"重大、疑难、复杂的案件"。其中，"重大案件"主要包括：危害国家安全犯罪案件；严重危害公共安全的犯罪案件；涉嫌黑社会性质组织犯罪或恶势力团伙犯罪案件；涉嫌故意杀人、放火、绑架、爆炸、投放危险物质、抢劫、强奸等重大恶性案件；恐怖活动犯罪案件；严重破坏社会主义市场经济秩序的犯罪案件；严重危害社会秩序的暴力犯罪案件；立案监督的案件；对案件定性及适用法律有重大分歧的案件；疑难、复杂及新罪名、新手段的刑事案件；在本地区有重大影响的刑事案件；上级领导批办、交办、督办的案件；其他公检双方认为有必要适时介入的刑事犯罪案件。

"疑难、复杂案件"主要包括：第一，证据面窄，证据容易遗失的案件。如强奸案、放火案、故意伤害案等，这类案件案发后，如不及时、全面收集证据，随着时间的推移，现场被破坏后，一些关键证据很难再收集到，从而很可能成为"疑案"，一方面使犯罪分子逍遥法外，另一方面又会造成被害人上访、缠讼。第二，对适用法律和证据有争议的案件。如是合同诈骗、诈骗还是普通的经济纠纷，是抢劫还是敲诈勒索等。此类案件如事实不清、证据不足，很难判断捕与不捕，处理十分棘手。第三，新型多发案件或专业性较强的案件。如网络赌球案，金融诈骗案，组织、领导传销案等。这类案件要求办案人员要有全面的知识和较高的业务水平。第四，黑恶势力犯罪及其他有组织犯罪案件。有组织犯罪案件人多势众、作案时间长、作案次数多、手段残忍、对社会造成的危害和继续犯罪的危险性都很大。此类案件往往案情复杂、涉及面广，给侦查带来很大困难。对于这类案件，人民检察院在必要时，可以介入侦查，以对侦查取证活动予以指导，也便于对案件事实形成更准确的判断。

此外，对有当事人或其近亲属或者群众来信来访反映侦查活动中存在违法行为的案件，也应当积极派员介入，以及时地防止、发现和纠正违法侦查的情形。对于人民检察院通过立案监督程序通知公安机关立案侦查的案件，也应当积极介入侦查，以防止公安机关消极怠侦。

【案例】 检察机关介入侦查的案件范围

白某、张某、罗某合同诈骗案

基本案情：

犯罪嫌疑人白某、张某、罗某通过与受害人签订《养殖及回收拟黑多刺蚁合同书》的方式，骗取民众 400 余万元后全部公司人员逃逸。

介入侦查情况：

本案引起数百名群众集体到市政府上访，市维稳办指定市公安局限期破案。市公安局将此挂牌案件责成市局经侦总队和沙区经侦支队联合办案，限期侦破。

检察机关得知该案情况后，即安排一名业务能力很强的主办检察官介入侦查。同时，部门负责人请求本院派指导组参与该案的研究与把关，院领导参与研究并与公安机关领导协调该案。通过层层有效地介入侦查，检察机关发现公安机关在刑拘已到期的情况下，根本无法收集到认定合同诈骗的基本证据。但是如果一旦变更强制措施，不明真相的群众会群情激愤，影响社会稳定。通过分析、研究案情，检察机关建议公安机关改变侦查思路，重新拟定侦查方案，收集虚假出资的犯罪证据，并引导侦查人员迅速、准确、成功地收集到虚假出资的罪证，遂以该罪对白某等三名犯罪嫌疑人批准逮捕，并针对合同诈骗罪提出补查提纲，要求公安机关加大力度继续侦查。

【案例评析】

本案涉及人数众多，社会影响很大，但短时间内又难以收集到能够证明构成合同诈骗罪的证据，属于典型的重大、疑难、复杂案件，符合介入侦查的适用范围，需要检察机关对取证方向等予以引导。

（二）介入侦查的主体

如前文所述，根据《刑诉规则》的规定，侦查监督部门和公诉部门均可介入侦查。一般来说，侦查监督部门介入侦查的目的主要是为了对侦查活动是否合法予以监督。公诉部门介入侦查的目的则主要是为了引导取证，以保障侦查机关收集到的证据合法、有效，将来可以用作庭审中的指控证据。介入侦查的检察人员应具有丰富的工作经验、扎实的法律功底和良好的沟通能力。

实践中，还有些检察机关开展制度创新，成立了专门的介入侦查机构。如北京市门头沟区人民检察院于2008年成立了"引导侦查取证办公室"，办公地点设在门头沟公安分局预审处，侦查监督处的检察官每天上午轮流到分局预审处"上班"，提前介入流窜作案、多次作案等重大案件侦查，对一些取证困难、证据难以固定、证明标准不好把握的重大案件进行重点引导，对案件的取证方向、注意事项等从检察机关的诉讼角度提出意见和建议。

（三）介入侦查的时间

根据新刑事诉讼法和《刑诉规则》的相关规定，检察机关介入侦查的时间应当是"必要时"。这既意味着，并非所有的案件都需要介入侦查，也意味着，介入侦查的时间应恰当选择，并非是越早越好。一般来说，介入侦查多适用于对犯罪嫌疑人采取强制措施后，但对突发事件引发的重特大案件，检察机关侦查监督部门获悉案件信息后，应当及时介入。

（四）介入侦查的程序

1. 启动

对于公安机关要求人民检察院介入侦查的，检察机关认为需要派员介入的，应当由部门负责人批准；重特大案件应当报请主管检察长或者检察长决定。

对人民检察院侦查监督部门或公诉部门认为需要主动介入侦查的，在征得公安机关同意后，经部门负责人批准，并向主管检察长报告。必要时，分管检察长或者检察长可以直接指令检察人员介入侦查。

2. 介入侦查

检察人员通过听取汇报、查看现场、参加案件侦查分析会议、观看审讯录像或审讯过程、提前审查证据等方式介入侦查，并提出引导侦查和纠正违法的相关意见。必要时，可以向公安机关发出《提前介入意见函》。

人民检察院介入侦查的案件，应从以下几个方面引导取证：一是提出对案件是否构成犯罪、如何定性的初步意见；二是提出对案件现有证据的意见；三是提出收集、保全、固定、转化重要证据的意见和建议；四是提出审查逮捕和提起公诉的证据要求，提出进一步取证的建议。一般的流程是首先由公安机关的侦查人员向提前介入的检察官全面介绍案情，提供相关的证据材料，检察官就此对案件的侦查方向和侦查重点提出意见。然后进行案件讨论，由检察官对进一步收集、固定、完善证据提出建议，公安机关的侦查人员据此开展进一步的侦查活动。需要注意的是，检察人员应慎重地发表意见，引导侦查机关从指控犯罪的角度出发，系统、全面、合法地收集证据，而不能对是否报捕、如何处置等作出轻率承诺或决定性表态。对疑难复杂案件不便当场发表意见的，应当及时向部门负责人或分管检察长报告，经研究后再作答复。

人民检察院通过介入侦查对侦查活动的合法性予以监督的，应当重点注意以下问题：一是案件管辖、立案程序以及采取强制措施是否合法；二是讯问犯罪嫌疑人、询问证人或被害人以及辨认工作是否合法；三是搜查、扣押、查封、冻结等侦查措施是否合法；四是其他证据的来源及取证方式是否合法。

【案例一】 检察机关介入侦查引导取证

秦某故意杀人案

基本案情：

1999年9月30日上午，犯罪嫌疑人秦某在自家地与被害人秦女家地相邻的地方，将秦女推倒，用石头砸死。

介入侦查情况：

案发后，秦某逃跑。时隔10年后，才将秦某抓获。侦查机关承办人、刑警队长、分管领导、局领导已换多任，而当时因秦某在逃，除现场勘查、尸体检验和一些间接的证人证言外，基本上没有其他证据。秦某被抓获后，得知家中早已物是人非，父母去世，妻子带着两个女儿也已返回娘家10年，并与该村一男子"搭伙"（农村双方因一方配偶离异或去世后，男女双方没有结婚又重新组成家庭的一种俗称），万念俱灰的秦某除供述秦女是自己杀死外，一心只求速死，再不开口。案件陷入僵局。

检察机关介入侦查，通过提前阅卷、参与案件讨论、参加联席会议等措施，对公安机关提出了以下几条侦查建议：

一是建议公安机关侦查犯罪动机。检察机关认为，动机是推动人们进行某种活动的内心起因，而犯罪动机则是激起和推动犯罪嫌疑人实施犯罪行为的内心起因。它是产生直接故意的源泉，它不仅确定犯罪目的，而且促使危害结果的实现，并直接反映嫌疑人主观恶性程度的大小，是判断社会危害性程度的重要因素之一，影响量刑。因此侦查犯罪动机十分重要。

二是建议公安机关押解犯罪嫌疑人秦某到实地对从产生杀人动机开始到作案后逃跑的整个过程进行现场指认。检察机关认为：本案中，现场勘查笔录记录得比较简略，犯罪嫌疑人的供述更为简略，因此无法判断犯罪嫌疑人的供述与现场勘查情况能否印证。因此建议侦查机关押解犯罪嫌疑人到现场指认并供述当时的客观情况，以进一步核实证据。

三是建议公安机关做好秦某妻女的工作，使其感受到家庭的温暖，重燃生活的希望，并在生活上给予照顾，对其予以教育感化，促使其如实全面供述。

公安机关认真采纳了检察机关的建议，安排专人重新制订侦查计划开展侦查，同时根据侦查情况及时向检察机关通报情况，及时修正和补充侦查措施。后秦某终于作出了详细供述，称其当年因其妻子段某与本村贾某有奸情，就想自己也找个情人。遂于1999年夏天的某一天夜里打听到秦女丈夫不在家，就去叫门，没想到遭秦女大声辱骂并打电话告诉了丈夫。第二天，秦女的丈夫找到村干部要求秦某赔偿自己的名誉损失，经四名村干部调解，秦某交钱"了事"。秦某回家后，妻子更看不起他，并且每次与秦女在村中不得已相遇，秦女都不顾村中人多嘴杂，大骂秦某不要脸，让秦某在村中无法立足。9月29日上午，又被秦女辱骂的秦某想到自己在村中再无安身之地，没有给妻子打招呼就悄悄收拾好东西准备外出打工。走之前秦某去地里看了看自己刚下种的小麦的长势情况，刚要返回时正遇秦女担着玉米棒回家，秦女又重提旧事，大声辱骂，再也无法忍受的秦某趁无人之机跑过去将秦女一把推倒在地，捡起一块石头朝秦女头上、脸上砸去，直至秦女不动，秦某才扔下石头往家跑。跑出刚两三百米远，遇上去地里找秦女的陈某（秦女亲戚），面对陈某的问话，秦某顾不上回答便慌慌张张跑到山上一直躲到晚上才回家，告诉妻子自己砸死了秦女。第二天，等不到天明的秦某拿了 50 元钱和一些衣服就逃跑了。经其他证据佐证，秦某供述属实。后秦某被判处死刑缓期 2 年执行。

【案例评析】

本案中，检察机关介入侦查，对公安机关的取证活动予以了极富针对性的引导，使已陷入僵局的案件峰回路转，最终能够以确实、充分的证据指控秦某故意杀人，取得了良好的法律效果和社会效果。

【案例二】检察机关介入侦查引导取证

任某故意杀人案

基本案情：

犯罪嫌疑人任某，男，汉族，1972 年 10 月 4 日出生，小学文化，农民。

犯罪嫌疑人任某因十几年前被任甲之子任乙、任丙之子任丁殴打，遂对该两家怀恨在心并多次索要补偿未果。2006 年，任某购买杀猪刀一把，并把刀绑在一根长约 2.09 米的木柄上，又自制匕首一把，放到家中。2009 年 6 月 11 日凌晨，任某持绑有木柄的杀猪刀，身裹铁皮窜至任甲家，朝睡在炕上的任甲之妻王某身上连捅数刀，返身出院后看见任甲之女任戊，又持刀朝任戊的腹部连捅数刀后逃回家中，并将绑有木柄的杀猪刀藏于家中床下。然后又持一把匕首、一根木棍窜至另一村任丙家，用木棍将任丙打倒在地，用匕首朝任丙肚子上连捅二刀，作案后逃离现场。后经法医检验，王某系单刃锐器刺伤致腹腔内脏器损伤出血死亡；任戊系单刃锐器刺伤腹内脏器损伤出血死亡；任丙构成重伤。

介入侦查情况：

接到公安机关提前介入案件侦查的邀请后，经检察长批准，侦查监督部门派员参加了案件讨论，在充分了解案情、查阅证据后，为下一步侦查工作提出了以下建议：首先，建议公安机关仔细勘查案发现场，对现场痕迹进行拍照固定，对现场遗留的物证及时提取；其次，建议及时提取作案工具并对作案工具上留有的血迹进行DNA鉴定；再次，建议对死亡的被害人及时进行尸检，在尸检过程中要注意将伤口和作案工具进行比对；最后，让犯罪嫌疑人对现场进行指认，并对犯罪嫌疑人指认现场进行录音录像。后公安机关根据检察机关的建议收集到了确实充分的证据。犯罪嫌疑人任某最终被法院以故意杀人罪判处死刑。

【案例评析】

本案中，检察机关应公安机关邀请介入侦查，通过参与案件讨论等方式了解案件情况，为侦查机关的进一步调查取证提供了积极有效的建议，取得了良好效果。

3. 跟踪监督

介入侦查的检察人员对于案件的后续工作要进行跟踪监督，对于证据尚不充分有继续取证可能的要督促公安机关按照补充侦查提纲积极侦查，避免案件久侦不决；对于应当提捕的案件督促公安机关尽快提请批准逮捕。同时，为了避免审查逮捕程序虚置，应由其他办案人员对案件进行审查，以保证审查逮捕案件的质量。

(五) 介入侦查的方式

1. 介入侦查的一般方式

检察人员介入侦查的方式主要有听取案发经过及侦查情况介绍，查看现场，参加案件侦查分析会议，观看审讯录像或审讯过程，提前审查勘验、检查笔录、鉴定意见、讯问笔录、询问笔录等证据并提出意见等。实践中，对于一些重大、疑难、复杂以及多发性、敏感性案件，还可以采取定期召开联席会议的方式，总结交流在办案过程中遇到的法律适用以及侦查取证问题。

2. 参与命案现场勘验、检查的方式方法

命案，是指涉嫌故意杀人及抢劫、强奸、绑架、放火、爆炸、投放危险物质、故意伤害等致死人命的刑事案件。特殊情况下，被害人虽未死亡，但生命垂危，在短期内有死亡可能的，也可视为命案。以上命案一般都属重大案件，有相当一部分同时还属疑难、复杂案件。对这些案件，检察机关应尽可能介入侦查，以有效引导取证，防止、纠正违法侦查行为，保证案件质量。

参与命案现场勘验、检查是介入命案侦查的重要方式。检察人员参与命案现场勘验、检查的主要任务是，对公安机关的勘验、检查活动是否符合法律和有关规定提出意见和建议，监督勘验、检查工作依法、客观、及时、全面进行。

检察人员到达命案现场后，应当全面了解勘验、检查以及证据收集、固定、保全情况。必要时，可以向公安机关现场指挥人员或者相关负责人提出收集、固定、保全、完善证据的意见和建议。检察人员参与命案现场勘验、检查，不得指挥或者代行侦查取证，不得泄露案情和侦查工作秘密。

检察机关参与命案现场勘验、检查，应当重点监督以下内容：犯罪现场是否得以妥善保护；勘验、检查是否及时；勘验、检查是否由侦查人员进行；公安机关指派或聘请的具有专门知识的人参加勘验、检查，是否在侦查人员的主持下进行；勘验、检查时是否有见证人在场；勘验、检查是否有遗漏；与案件有关的血迹、指纹、毛发、体液、痕迹、物品等证据是否已依法提取和固定，是否按规定拍照、录像；现场提取的物品是否依法进行了登记，保管是否妥善；对人身的检查是否依法进行，检查笔录是否符合规定要求；应当解剖的尸体是否进行了解剖，解剖程序是否合法；被害人尸体是否得到依法处理；勘验、检查笔录是否符合规定要求；侦查人员是否有伪造、隐匿、销毁、调换或者私自涂改证据的行为；其他可能影响案件证据收集、固定、保全及证据效力的情形。

参与命案现场勘验、检查的检察人员，发现侦查人员有违法情形，应当立即提出口头纠正意见，并将意见及纠正情况记录在案；

对于情节较重或者拒不纠正的，应当报请检察长批准后，向公安机关发出《纠正违法通知书》或者建议更换办案人；对于情节严重、涉嫌犯罪的，应当移送人民检察院侦查部门依法追究有关人员的刑事责任。

参与命案现场勘验、检查的检察人员，应当制作《参与命案现场勘验、检查笔录》，记录勘验、检查的案由，时间，地点，参加人员，参与人员，公安机关进行勘验、检查的情况，勘验、检查结论，检察机关引导取证的意见或建议，检察机关引导取证意见或建议被采纳情况，检察机关提出的口头纠正违法意见及意见被采纳情况，需要说明的问题等，并由公安机关现场指挥人员或者相关负责人签名，未予签名的，应当注明原因。

图书在版编目（CIP）数据

侦查监督案例教程/严奴国主编. —北京：中国检察出版社，2014.1
（检察实务培训系列教材）
ISBN 978 – 7 – 5102 – 0982 – 6

Ⅰ.①侦… Ⅱ.①严… Ⅲ.①侦查－司法监督－中国－教材
Ⅳ.①D926.34

中国版本图书馆 CIP 数据核字（2013）第 202821 号

侦查监督案例教程

严奴国　主编

出版发行：	中国检察出版社
社　　址：	北京市石景山区香山南路 111 号（100144）
网　　址：	中国检察出版社（www.zgjccbs.com）
电　　话：	（010）88685314（编辑）　68650015（发行）　68636518（门市）
经　　销：	新华书店
印　　刷：	保定市中画美凯印刷有限公司
开　　本：	A5
印　　张：	7.125 印张
字　　数：	195 千字
版　　次：	2014 年 1 月第一版　2014 年 1 月第一次印刷
书　　号：	ISBN 978 – 7 – 5102 – 0982 – 6
定　　价：	25.00 元

检察版图书，版权所有，侵权必究
如遇图书印装质量问题本社负责调换